Celtic Mythology

凱爾特神話

精靈·大法師·超自然的魔法之鄉

龔琛
著

目錄

附錄

前言

數千年前，成千上萬的凱爾特人縱橫在從小亞細亞直到愛爾蘭島的亞歐大陸上。他們揮舞著鐵劍和長矛，駕著雙輪馬車，吹著號角；他們曾威脅了希臘的生存，洗劫了羅馬城；他們被「文明世界」視為狂熱的好戰者。當他們被擊敗、被征服，被迫退縮至「世界的盡頭」——愛爾蘭島後，在勝利者所書寫的歷史中，再也找不到凱爾特人的驕傲與輝煌。

對於一個消失於歷史長河中已有兩千餘年的文明而言，如今世界上那些自稱凱爾特人的族群，很難說是當初那些蠻族真正的後裔。在愛爾蘭、威爾斯、蘇格蘭、布列塔尼、曼島（Isle of Man）和康沃爾（Cornwall）[1]生活的各個民族，都已經不再講凱爾特語，也不信奉德魯伊教。凱爾特神話中的諸神經過羅馬帝國、基督教的反覆清洗，早已被埋藏在歷史的殘垣斷壁中了。

但，凱爾特人的精神世界是否已經無法憑弔，他們的文化遺產也煙消雲散了呢？當然不。隨手打開歐洲地圖，那些耳熟能詳的名字——倫敦、巴黎、多佛（Dover）、曼徹斯特、波爾多、泰晤士河……這些地名都源於凱爾特語。

凱爾特人留給後世的，當然不止地圖上的幾個名詞：還記得蘇格蘭男子所穿的方格裙嗎？那些色彩鮮豔的方格圖案，是凱爾特人留下的文化遺產。英格蘭王室曾經在漫長歲月中不遺餘力地扼殺凱爾特文化，剷除那些可能會導致凱爾特後裔分離叛亂的思想萌芽。但諷刺的是，王室也愛上了凱爾特風，男性的王室成員基本上都穿過方格裙。

論起凱爾特文化對歐洲最偉大的貢獻，那一定是偉大的亞瑟王傳說了。現在我們都知道，亞瑟王的傳說源自凱爾特神話，但歐洲人花了相當長時間才逐漸承認這一點。之所以如此，不僅因為這段傳說曾被基督教文化處心積慮包裝改扮，更因為從羅馬時代開始的漫長抹黑，已經讓凱爾特與愚昧野蠻畫上了等號。

所幸凱爾特文化在現代歐洲正在復興，人們愈來愈重視愛爾蘭語、威爾斯語、蘇格蘭蓋爾語等凱爾特語言，不列顛島上不再是英語獨領風騷了。此外，凱爾特神話傳說提供英國奇幻作家無窮的想像空間，從《魔戒前傳：哈比人歷險記》到《哈利波特》，有太多的凱爾特文化元素，在現代的文學舞臺重新綻放。

所以，才會有擺在您面前的這本書問世。它講述凱爾特人悲涼的歷史，介紹凱爾特人殘存的神

1 曼島位於英格蘭和愛爾蘭之間，是個海上島嶼；康沃爾郡位於英格蘭西南部。（編按：本書注釋皆為編注）

話，展現有幸延續至今的愛爾蘭、威爾斯的民間傳說。

它試圖引領讀者透過迷霧，看清歷史長河另一邊的河岸，俯身拾取散落在淤泥中的閃閃金沙。那是凱爾特文化經過漫長歲月洗禮之後沉澱的精華，它不單是一些名詞，一些圖案，同時也是一種對生活的態度和對生命的闡釋。

畢竟蠻族不等同於野蠻愚昧，質樸必定勝過道貌岸然。

第一章 凱爾特人的世界

按照歐洲人的分法，世界上人口數量最多的人種是白人，而白人來自日爾曼、凱爾特和斯拉夫三大族群。

聽到凱爾特這個名稱，生活在二十一世紀的讀者的第一反應可能是：那不是NBA嗎？說得沒錯，一九四〇年代，沃爾特．布朗（Walter Brown）在美國麻塞諸塞州的波士頓市成立了自己的「塞爾提克隊」（Celtics）隊。很多波士頓人相信，對於沃爾特．布朗這個蘇格蘭移民的後裔，凱爾特是個精神圖騰般的存在。

那麼，現在世界上還有凱爾特人嗎？凱爾特人的歷史是怎樣的？

第一節　凱爾特人的歷史

沃爾特．布朗的蘇格蘭祖先居住在位於歐陸邊緣的不列顛島上，而「不列顛」這個名稱的來源，主要有兩種說法，其一，歐洲大陸人把英倫三島上的人稱為「布列塔尼」（Brittany），羅馬人則稱之為「不列顛」；其二，在征服不列顛的諸多凱爾特部落中，較強大的一支為「布立吞」（Celtic Britons），它的名字後來演化為整個島嶼的名稱。

不列顛之名的來源是比較含糊的，因為在遠古歐洲的版圖中，此地屬於世界盡頭般的不明區域。

那時的文明世界侷限在古希臘—羅馬文明圈中，除此之外的歐洲，皆為籠罩在濃厚歷史迷霧中，晦暗不明的蠻族世界。

雖然身處歷史舞臺的聚光燈之外，蠻族世界的確是真實存在，並且真真切切影響過歷史進程：正是蠻族摧毀了古羅馬帝國，也正是蠻族與古希臘羅馬的「文明人」，一同成為如今西方世界各民族的祖先。

1 蠻族中的泥石流

早期的凱爾特人處於歷史舞臺的聚光燈之外，我們只能從散見的文獻片斷，結合考古發現來推斷他們的遷徙路程。這是一支有著共同文化和語言聯繫的蠻族部落聯盟，早在西元前二千年時，他們就已經遊蕩在中歐草原上了。

自西元前七世紀至西元前三世紀，原先居住在德國西北部和尼德蘭的凱爾特部落，開始了歷時長久而影響深遠的民族大遷徙——後來，也正是這股泥石流一般的蠻族大遷徙毀掉了西羅馬帝國。

凱爾特人成群結隊地湧入今法國、義大利、西班牙和巴爾幹半島地區，他們一路進軍一路融合，形成了族系龐雜、錯落紛繁的不同團體。古羅馬人將分佈在今法國、比利時、德國和義大利地區的凱爾特人，統稱為「高盧人」，而將流徙於小亞細亞一帶[1]的稱「加拉太人」（Galatian），在波希米亞的又稱作「波伊人」（Boii），而征服了英倫三島的凱爾特部落，則被稱為「布立吞人」。

在古希臘和羅馬人的文獻中，凱爾特人的氏族部落實行軍事貴族制。在部落中，「王」是軍事首領，「王」以下的凱爾特部落子民分為三等：祭司、武士、普通民眾。凱爾特人組成了規模很大的部落聯盟，他們的軍隊分戰車兵、騎兵和步兵三種，作戰時先以戰車衝亂對方戰陣，然後騎兵和步兵一擁而上，開始切瓜砍菜。

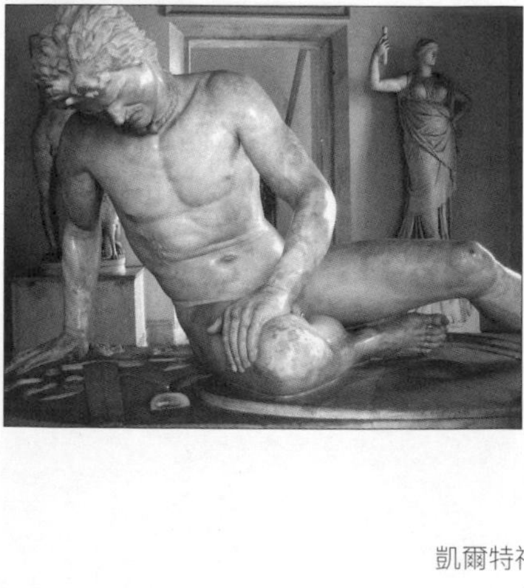
古希臘雕塑《垂死的高盧人》

以高盧人為首的凱爾特部落曾經反覆入侵希臘和羅馬，從多瑙河邊的森林一直到高盧腹地，到處都是這些揮舞著鐵兵器的金髮蠻族。就連如亞歷山大大帝這樣的英雄，也認為希臘人與凱爾特人結盟而不是敵對，才是有遠見的英明決定。

在亞里斯多德的筆下，凱爾特人極其好戰又性格殘酷。這一點可以從流傳至今的古希臘雕塑中得到充分的證明：《垂死的高盧人》，現收藏於羅馬卡庇托林美術館（The Capitoline Museum），這座雕塑表現了西元前二四一年，帕加馬王國的阿塔羅斯一世（Attalus I of Pergamon）擊敗高盧人進攻的偉大勝利。當時大批的希臘雕刻家被請來製作青銅雕像，以紀念阿塔羅斯一世的戰功。流傳到現在的這尊雕塑，其實是古羅馬時期的大理石複製品，雖說是山寨的，但原作的精髓基本被保留下來。

古希臘雕塑《自殺的高盧人》

另一座著名的高盧人雕塑，是收藏在羅馬博物館（Museo Nazionale Romano）之阿爾騰普斯宮（Palazzo Altemps）的《自殺的高盧人》，它的原作也是為歌頌阿塔羅斯一世的勝利而塑造的青銅像，並且同樣是古羅馬時代的複製品。作品表現了一位戰敗的高盧首領為了避免淪為奴隸的恥辱，在殺死自己的妻子後自殺的瞬間。高盧首領左手攙著已被他殺死的妻子，右手執劍往自己的鎖骨處刺入。他向身後追兵投射出的憤怒目光，具有一種寧死不屈的壯烈姿態。這座雕塑在美術史上頗負盛名，完全違背了雇主宣揚武功的本意，反而把敵人英勇不屈的氣概表現得淋漓盡致。

1 今中東安那托利亞半島。

不光是希臘人對凱爾特人心懷畏懼，在古羅馬學者筆下，高盧戰士非常善於使用長槍和鐵劍，他們在木質的盾牌上包著銅皮，殺敵之後總要砍下敵人頭顱帶回去釘在門上做裝飾，對於重要人物的頭顱還要用油浸泡、風乾，當有貴客來訪時便拿出來給人看。

凱爾特人相信，頭顱是人的力量所在，獲取人頭可以將受害者的力量轉移到自己身上。雖然羅馬士兵也會將敵人生殖器割下來做紀念品，但這種兵痞的做法並不是普遍習性，所以凱爾特人在家裡收藏一串人頭的做法，還是頗令羅馬人毛骨悚然的。

與裝備鎧甲、紀律嚴明的羅馬人不同，高盧人衣不遮體、個性衝動，每當開戰時，一大群肌肉發達、赤身裸體的野蠻人咆哮著蜂擁而上，總是讓羅馬士兵心理壓力巨大……

西元前三九〇年，高盧人越過亞平寧山脈南下，橫掃義大利。在閃電般擊敗羅馬的機動兵力後，這股毀滅的泥石流湧進了連城門都來不及關閉的羅馬城。

殘餘的羅馬人逃上易守難攻的卡庇托林山上死守，那裡是羅馬的聖地和精神支柱，若是此地淪陷的話，羅馬就會崩潰滅亡。

幸而卡庇托林山一面鄰水、三面為峭壁，極適於防守。但這彈丸之地無法容納整個羅馬城的居民，所以非精幹強壯者及其妻兒外，一概不得上山。其他老弱病殘，即便是元老院的元老們，也只能留在城中聽天由命了。

守衛者前腳剛爬上山，高盧人的泥石流便滾滾湧入毫無抵抗的羅馬城。被拋棄的元老們端坐在廣場上泰然面對入侵者，可是毫無文明素質的高盧人根本不吃這套，他們把這些白髮蒼蒼的羅馬貴人們當場活活打死了……

接著，這幫凱爾特征服者成了闖入瓷器店的公牛，四處橫衝直壯、肆意燒殺搶掠。元老院、市場、房屋都被破壞焚燒，被殺死的羅馬人屍體鋪滿了街道。這是羅馬建國以來第一次受到異族的蹂躪，而且侵略者整整逗留了半年多，這是羅馬人的奇恥大辱。

瞭解羅馬史的讀者，可能聽說過「聖鵝」半夜怪叫驚醒守衛者，使其發現了偷爬上來的高盧人，從而拯救了卡庇托林山的故事。這個故事無論真假，都無法掩蓋卡庇托林山上的守衛者坐山觀屠城的無奈。最後還是這幫高盧的鄉下蠻子過不慣城市生活，又因為城市衛生系統完全被摧毀而爆發了大瘟疫，高盧人才接受了羅馬人的贖金後撤兵。

這個不共戴天之仇，羅馬人記了三百多年，直到阿萊西亞之戰（Battle of Alesia）後，高盧大酋長韋辛格托里克斯（Vercingetorix）被迫向羅馬共和國的高盧總督凱撒（Caesar）投降，整個高盧地區被羅馬征服後，才算是讓高傲的羅馬人解了氣。

2 不列顛的蠻子們

現在終於要輪到ＮＢＡ老闆的蘇格蘭祖先的祖先上場了。就在挫敗了高盧的凱爾特人大起義之後，凱撒轉而去征服不列顛島。西元前五十五年，凱撒大軍入侵不列顛島，他們面對的依舊是凱爾特的蠻子們……

大約西元前六世紀時，凱爾特人從歐洲大陸入侵不列顛島和愛爾蘭島，這幫身材高大、毛髮金黃的蠻族，逐步征服並同化了黑黑矮矮的土著伊比利亞人，成為島嶼的新主人。

從大陸來到西北兩島之後，一部分凱爾特人佔據了今天英格蘭的部分地區，另一部分則佔領了今天的愛爾蘭和蘇格蘭地區。這些凱爾特征服者包括布立吞人、高特爾人、皮克特人（Picts）和比爾蓋人的部落，這些野蠻的凱爾特人在不列顛以氏族部落的形式聚居，在今天的英格蘭地區，當時共有兩、三千個凱爾特人的村寨。

凱撒對不列顛的入侵淺嘗輒止，他實在沒耐心在這個貧瘠的島嶼上，沒完沒了地與蠻子們打游擊戰。但凱撒之後，「羅馬人的征服」開始了，羅馬人抽空就跑來打兩下，逐步征服了島上的凱爾特部落。西元四十三年，羅馬皇帝克勞迪烏斯（Claudius）率領四萬大軍，用了三年時間，平定了不列顛島的中部和中南部。隨後，整個英格蘭地區被羅馬牢牢控制。經過近百年的努力，羅馬人終於征服了大部分的不列顛島。

此後，羅馬人統治了不列顛近四個世紀，不列顛成為羅馬帝國的行省，島上的凱爾特人逐步實現了羅馬化。至於蘇格蘭這個令人尷尬的地方，那裡的皮克特人武器落後、衣衫襤褸，但憑藉蘇格蘭高地的崎嶇地形與自身的驍勇善戰，使得羅馬人即便消滅了皮克特人的軍隊，仍決定不佔領這個野蠻的地域——而此時的歐洲大陸上，高盧貴族已經披上羅馬長袍進入元老院，凱爾特文化在歐洲大陸幾乎完全融入了羅馬文化。

西元一二二年，羅馬皇帝哈德良（Publius Aelius Hadrianus）在英格蘭北部的細腰部位修建了「哈德良長城」，這是一道貫穿東西海岸、長達一百多公里的防禦城牆。一道長城將蘇格蘭和英格蘭分成了兩個世界，牆這邊是羅馬帝國統治的文明世界，牆那邊是拒絕臣服帝國的凱爾特蠻

羅馬人興建哈德良長城

子們。

大家從此相安無事，在羅馬人永遠沒能到達的愛爾蘭，以及羅馬人永遠沒能真正佔領的蘇格蘭，凱爾特人延續著自己的獨立王國。而不列顛島，則在羅馬人統治下度過了一段寧靜歲月。

到了西元五世紀初，獨霸歐洲數百年的羅馬帝國，在日爾曼蠻族的進攻下漸漸衰落。自顧不暇的羅馬人實行軍事收縮政策，已無力維持在不列顛的統治。西元四〇七年，最後一支羅馬軍隊離開不列顛，羅馬人在不列顛的統治宣告結束。

羅馬人走了，布立吞人還留在這裡。英格蘭島上受羅馬同化的凱爾特人，與蘇格蘭和愛爾蘭的蠻子同胞們，在磕磕碰碰的衝突中重新建立起自己的秩序。其中一支來自愛爾蘭島的部落「蘇格蘭」趁機進入蘇格蘭地區，這支新來的征服力量，同化了土著皮克特人，成功地讓自己的名字成為未來整個國家和民族的名稱。

留給凱爾特人的時間和區域都不多了，因為日爾曼人這股席捲歐洲大陸的新銳蠻族泥石流已經渡海而來、躍躍欲試。英吉利海峽並不能保護脆弱的小島，不列顛的黑暗時期揭開了序幕。

3 睡去的凱爾特人

新一批入侵不列顛的日爾曼蠻族中，勢頭最猛的是盎格魯—撒克遜人。當時的盎格魯—撒克遜人與凱爾特人一樣，只是文化語言相近的部落集合，還沒有形成真正意義上的統一民族。

英國早期歷史學家比德認為，盎格魯—撒克遜人來自三個不同的部落：由丹麥半島盎格恩來的盎格魯人，由易北河下游來的撒克遜人，和由丹麥白德蘭半島來的朱特人。盎格魯—撒克遜人對不列顛的征服開始於西元四四九年，這些金髮碧眼的日爾曼人兇殘好戰，激起了布立吞人的強烈反抗。

後來引領了騎士文化一代風騷的英雄亞瑟王，就是凱爾特傳說中抵抗盎格魯—撒克遜人的英雄，傳說中，他領導凱爾特人贏得了西元五百年的巴頓山戰役（Battle of Mons Badonicus）的勝利。在整個中世紀，圍繞著亞瑟王形成了亞瑟王的宮殿、魔劍、聖杯和圓桌騎士等傳奇故事，從這些傳說中，我們可以窺見當年征服與被征服者之間的激烈搏殺。

但是亞瑟王畢竟是神話傳說中的虛構人物，他創造的偉業再輝煌，也無法阻止歷史上的凱爾特人逐漸陷入窘境。英格蘭地區的凱爾特人在與日爾曼人的戰鬥中死傷慘重，活下來的要麼被掠賣為奴，要麼逃亡到蘇格蘭與愛爾蘭。

這長達兩個多世紀的血腥征服和強制融合，歷史上稱為「日爾曼人征服」。在這一過程中，不列顛島上混戰爭奪的各民族，混合成了一個新的民族——英格蘭人。到西元八世紀時，歐洲大陸上的人已經把不列顛諸島上的語言稱為英語。到了西元十世紀，「不列顛」變成了「英格蘭」，意為「盎格魯人的土地」。這個漫長而殘酷的民族形成過程，正如邱吉爾所形容的那樣：「在黑暗中睡去的是不列顛，在黎明時醒來的已是英格蘭。」

醒來的不光是英格蘭，隨著基督教的傳入，在其他凱爾特人生活的區域，也逐漸形成了不同的民族和國家。大陸上的高盧人成為法國人，愛爾蘭和蘇格蘭人也各自找到了自己的歸宿。

凱爾特人所有的俗世力量都已經煙消雲散，但是他們的信仰和神靈，仍然頑強地生存下來，經過漫長時間的過濾，成為全人類的文化遺產。

第二節　凱爾特人的文化

凱爾特民族在被羅馬人征服之前沒有文字，自然也沒有留下準確的歷史記錄，後人只能憑藉流傳至今的凱爾特語，追尋他們在歷史上的蹤跡。

今天歐洲大陸的凱爾特語，除了一些被融入拉丁語的高盧詞彙之外，幾乎沒有完整的、成套的體系存留了，只有法國布列塔尼半島和歐洲大陸之外的不列顛島、愛爾蘭島，還留存了部分凱爾特語：一是包括愛爾蘭蓋爾語、蘇格蘭蓋爾語和曼島語在內的蓋爾語系；二是包括威爾斯語、布列塔尼語和康沃爾語在內的布立吞語系，其中曼島語和康沃爾語都是已經消失的語言。

從凱爾特語來分析，凱爾特人的祖先明顯屬於印歐民族體系。這些操著印歐方言的人群發源於黑海北部，約七千年前他們向南抵達印度，又向西方的歐洲遷徙。隨著不同部落之間的距離越來越遙遠，他們的文化和語言區別也越來越大，最後分裂成為獨立發展的不同語言，成為今天印歐各語系的源頭之一。

西元前一千年左右，部分的遷徙人群抵達德國的哈爾茲山一帶，與「甕棺文化」的族群融合。「甕棺文化」得名於他們獨特的火葬習俗，也就是將死者遺體焚化後的骨灰盛入陶甕，埋於集體群葬的墓地。

甕棺文化的人民充滿生氣、富有創造力，注重享樂主義。在這個部落中，吃吃喝喝與打打殺殺同等重要。他們穿著色彩鮮豔的衣物，用繽紛多彩的飾品裝飾全身。在流浪已久的印歐人與他們接觸的兩百年後，第一批操著凱爾特語的部落出現了。

1 鐵器時代的蠻族

「凱爾特」這個名詞從何而來呢？一種有趣的推測認為，凱爾特人的得名，可能與一種類似斧、錛的史前砍鑿工具有關。

除了眾所周知的勇武之名，凱爾特人還是心靈手巧的工匠。正是這些凱爾特人將冶鐵技術傳入歐洲大陸，同時帶去的還有犁地的鐵犁、勒馬的鐵轡頭、收割莊稼的鐵收割機和最重要的鐵車輪。這些凱爾特能工巧匠們的發明，一下一下地敲開了歐洲大陸鐵器時代的大門。

在荷蘭考古學家還原的凱爾特人冶煉場景中，我們看到這些蠻子鐵匠打鐵的過程：先用乾草和土攪拌和泥，搭建一個半人高的圓錐形立式土高爐，將木柴、木炭等燃料填高爐內部，在頂端放置鐵礦石。接下來，他們會用獸皮製成的鼓風機向高爐內鼓風，如此數小時之後，生鐵就冶煉出來了。當然，這樣煉出來的鐵含碳量太高，無法直接使用，還需要經過反覆加熱和錘煉，才能打造出合格的鐵坯。

很明顯，這是一群心靈手巧的野蠻人。根據考古資料，早在西元前七世紀左右的哈爾施塔特文化（Hallstatt culture）晚期，凱爾特族群中，就已經出現了從家庭農業生產中分離出來的手工業。也正是在這一時期，凱爾特人開始利用沼澤和泥炭地裡的沼鐵礦煉鐵了。西元前五世紀，進入了以鐵器為主的拉登文化（La Tène culture）時期，凱爾特人開始尋找含鐵豐富、又易於挖掘的露天鐵礦進行開採，並在礦藏附近就地冶煉。

高盧各地都曾發現拉登文化時代的礦址，和冶煉加工製造鐵器的手工工廠遺址。在當時生產的鐵器中，數量最多的是武器，其次為各種生產工具。除了鐵器之外，凱爾特工匠加工青銅和金銀的技術也達到了很高水準。他們擁有鑲嵌、鍍金和鍍銀的高超技法，這一點在凱爾特人最喜愛的飾物項圈上表現得淋漓盡致。總體而言，凱爾特部落出品的手鐲、別針、腰牌等飾品不僅實用，還擁有精美的曲線螺旋裝飾紋路，直到今天也是堪稱精美的藝術品。

在西元前二世紀，高盧地區的製陶已經相當發達。高盧人生產的陶器，以高超的手工技巧和雅緻的風格著稱於歐洲；他們製作的皮革除了日常所用外，還廣泛用於皮甲、劍鞘、馬鞍、盾牌和頭盔等軍事用途。

在歐洲，凱爾特人發現、並利用了熱脹冷縮的原理來處理鐵箍車輪。兩輪戰車是木匠、鐵匠、製車匠熟練配合製造的產物，品質在歐洲堪稱上乘。這種堅固耐用的戰車，是戰場上的重型裝備，它的出現是軍事技術上的大進步。

發達的手工業和農業使得凱爾特部落物資相對充足，東村鐵器多得用不完，西村豬肉多得要發臭，那怎麼辦？於是就有了交換。

哈爾施塔特文化晚期起，凱爾特人開始了貿易行為。以貨易貨的行為首先在凱爾特各部族之間展開，他們很快就意識到這種行為帶來的好處，這促使凱爾特人開始專門生產用來與外界交換的貨物，商業就這樣發展起來了。

根據西元前七世紀末，地中海沿岸的希臘殖民點馬西利亞的文獻記載，這個今天被稱為馬賽（Marseille）的地方，曾經是希臘人與高盧人之間最為著名的貨物中轉站——文明世界與蠻族之間並不是只有戰爭一個選項。

馬西利亞和高盧地區部落之間的生意，最初以居住在法國南部的利古爾人為中間商展開，後來生意規模越來越大，他們開始與中歐地區的凱爾特部落展開貿易往來。隨著時間流逝，通過希臘人向高盧腹地送來的是源源不斷的珊瑚、象牙、玻璃、酒、青銅器皿等奢侈品，從高盧部落向外輸出的則是金、銀、錫等金屬原料，及牲畜、皮革製品等等工業原料和粗加工品，整體看來，這種貿易儼然是當今世界發達國家與發展中國家之間貿易的翻版。

凱爾特人對外貿易的主要目的，是滿足部落貴族的奢華生活。通過與希臘人的貿易，凱爾特族群發現了貨幣的必要性。從西元前二世紀起，凱爾特人開始鑄造錢幣。凱爾特錢幣的式樣和圖案或模仿古希臘，或鑄造各種人物和幾何圖形，如布列塔尼流行的錢幣，正面為戴月桂冠的頭像，背面是拿著矛和盾的戰士形象。但由於高盧地區沒有出現國家，所以各個部落自行鑄造的貨幣一般只是內部流通，涉及進出口的貿易還得依靠其他方式——就如先前提到的，凱爾特鐵匠們煉出兩端尖尖的長方形鐵錠，這些每塊重約六公斤的鐵錠，是當時的一種通用貨幣。

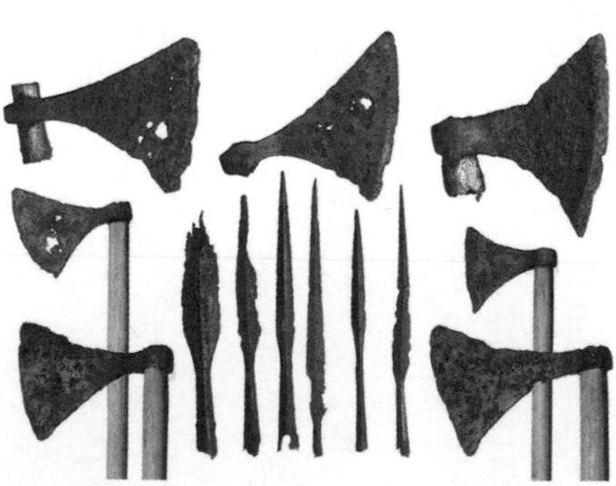
凱爾特鐵質武器

鐵器使凱爾特文明的農業生產技術得到了飛躍性的發展，也帶來了凱爾特軍事裝備的進步。凱爾特部落的鐵匠用鐵錘一下下敲出鐵劍、鐵矛和鐵箭頭，以及令羅馬人和希臘人聞風喪膽的雙輪戰車。

就這樣，和平時期繁榮享樂，戰爭時期勢不可擋的凱爾特人迅速崛起，成為歐洲「文明世界」眼中令人愛恨交加的「野蠻人」。

在希臘人眼中，凱爾特部落的人都像愛慕虛榮的孩子，他們渾身上下散發著庸俗的氣息。凱爾特人在坦白直率和勇敢無畏的性格之外，還有著愛好炫耀的孩子氣，他們喜歡佩戴黃金首飾，脖子上戴著金屬項圈，胳膊上套著臂環和手鐲。貴族身著色彩鮮豔的長袍，上面綴滿亮閃閃的金片……千百年過去了，只有他們的斗篷流傳下來。這些斗篷裝飾著緊密交織、色彩絢麗的小方格子，它成為蘇格蘭方格裙的前身。

2 凱爾特式的生活

凱爾特人並不是居無定所的遊牧民族，一旦征服了一片區域後，他們就會選擇舒適穩定的定居生活。從西元前五世紀起，高盧大部分地區的凱爾特居民就開始營建房屋，過上老婆孩子熱炕頭的幸福生活了。

按照羅馬人的說法，高盧蠻子用木材和黏土建造房屋，他們房屋的建築風格樸實無華，室內一般不陳設傢俱，僅在泥地上鋪一堆乾草麥稈之類，再覆蓋獸皮，就成了凱爾特式的溫馨臥室。與羅馬人將物資儲藏在倉庫的習俗不同，凱爾特民居選擇在屋子旁邊挖掘儲藏食物的地窖。

與一般人印象中茹毛飲血的蠻族不同，凱爾特人擁有領先於當時歐洲的先進農耕技術。按照習俗，凱爾特人集體佔有新征服的土地，在各個部落間平均分配適於耕種的田地。他們懂得施肥，會使用八頭牛牽引的輪式鐵犁，在佈滿石塊的草原上開墾播種。凱爾特人主要種植大麥和小麥，輔以黑麥和燕麥，還栽培甜菜、蕪菁、亞麻、大麻、洋蔥、蒜等作物。

農業之外，凱爾特人在畜牧方面也有獨到的經驗。凱爾特部落中飼養的動物有馬、羊、牛、豬等，尤其以養馬和養羊最為普遍。凱爾特人都是馴馬的高手。有趣的是，凱爾特人以放牧的方式養豬，他們在橡木林間的開闊地中放牧半馴化的豬

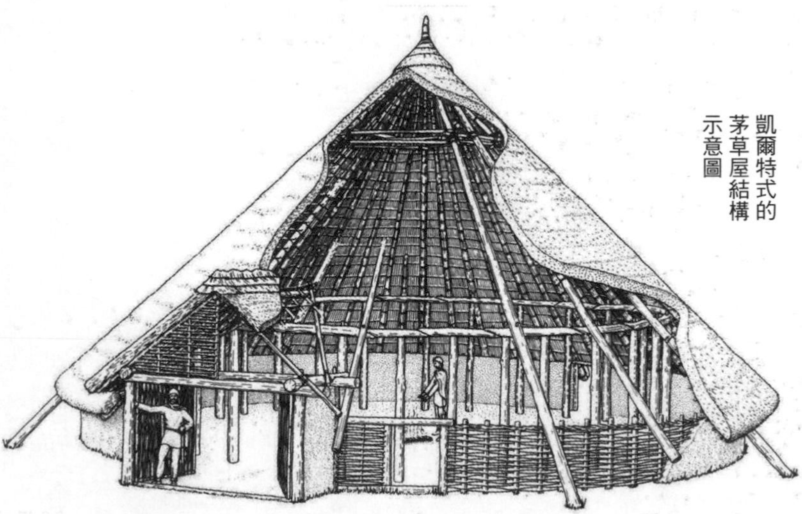

凱爾特式的茅草屋結構示意圖

群。

發達的農牧業使得凱爾特族群獲得了充裕的食品，為人口增長創造了良好的條件，從西元前一千年到西元前四百年，高盧地區的人口從七十萬增加到了三百萬。龐大的人口數量加上優良的鐵質武器，為凱爾特人征服歐洲那些落後的青銅部落奠定了基礎。

從甕棺文化時代開始，凱爾特人就與美食結下不解之緣。根據文獻記載，凱爾特人雖然房屋簡陋，但在吃上面可一點兒都不馬虎。凱爾特人對於肉類、蔬菜的處理非常老到，即使是羅馬人也鍾情於凱爾特醃菜的美味。在蘇格蘭有一種被稱為「黑布丁」的豬血腸，這種名副其實的「黑暗料理」是凱爾特人留下的文化遺產之一，後來成為標準英式早餐的組成部分。

從黑布丁可以看出，豬肉是凱爾特人重要的食物來源之一。除了這些被放養在林地中的豬隻以外，凱爾特人的肉食品名單，還有綿羊、山羊、牛、鹿、禽類和魚等等。

由於冬季缺乏飼料，所以大多數牲畜都沒有活到開春的幸運。每年凜冬將至的時候，凱爾特村寨中四處飄蕩著豬牛羊和禽類的哀鳴——如果魚類也能開口說話的話，相信牠們也不會保持沉默的。

在羅馬文獻中提及凱爾特人會挖掘池塘飼養鯉魚，他們的餐桌上還有梭子魚和鱒魚。凱爾特人處理魚的手法可謂精熟：他們從水裡撈出一尾魚，乾淨俐落地一擊敲碎牠的頭骨，讓這可憐的動物立即獲得解脫。去除內臟和鱗片後的魚被放進大鍋裡，和豆類、奶油一起熬煮，當橡木鍋蓋再也壓不住混雜在滾滾水蒸氣裡噴湧而出的魚香、豆香和奶香時，大菜就可以上桌了。

當然，如果漁獲較多，一時吃不完的話，做成更耐存放的燻魚或醃魚，就是妥當的做法了。凱爾特人以這種方式處理大多數冬季前宰殺的牲畜。雖然醃製食品缺乏新鮮的口感，但可以為漫長冬天提供可靠的蛋白質來源。

豬肉是凱爾特人最重要的肉食來源，相對於瘦肉而言，肥肉才是他們最喜愛的食物，生肥肉甚至是凱爾特人用於治病的藥物之一。可惜放牧生長的豬很難長胖，肉也又瘦又柴，還常有寄生蟲，生吃還是相當有風險的事情。

凱爾特人懂得燻製火腿，直到今天，西班牙火腿仍是享有盛名的特產美食。不過火腿耗時長、成本高，還需要恰到好處的發酵技術。相比之下，禽類才是更容易處理的美味。雞是凱爾特人家尋常可得的食物，而鵝由於脂肪含量豐富，在貴族階層中更受歡迎。

不過，實事求是地說，凱爾特人的村寨並不是取之不竭的伊甸園，就算是貴族也很難過上頓頓葷腥的幸福生活。中下層居民的日常飲食還是以植物性食品為主，主要是穀物、蔬菜和果實，特別重要的是豆類。

在凱爾特人的廚房裡，小麥被烤成麵包，大麥煮成粥。雖然麵包更受歡迎，可它的成本較高，所以窮人只能老老實實喝稀粥，這一點在凱爾特人的死敵羅馬人那邊也是一樣的。

順便說一下，餐叉在十世紀才得到普遍使用，大多數歐洲人在近代才開始用餐叉吃飯。在此之前，他們的餐具只是刀子、勺子，和自己的一雙手。

中世紀繪畫，凱爾特人的廚房

據參加過凱爾特人宴會的一位羅馬旅人回憶：在凱爾特人的宴會上，大家團坐在茅草屋中的毛皮墊子上，被大鍋和烤肉叉所包圍。你會發現這幫蠻子們的大鬍子與食物殘渣糾纏在一起，形成了一張令人無法直視的網，而且為了表示友誼，人們會互相傳遞烤肉和酒杯，你啃我的肉我喝你的酒，你不知道自己吃的食物到底是過了多少次手的「二手貨」。

3 嗜酒的戰鬥民族

自古以來吃喝不分家，上一節提到了凱爾特人的吃，現在就說說凱爾特人的喝。

不論是希臘人還是羅馬人，都對凱爾特人對酒精的狂熱感到吃驚。雖然這兩個民族也是擅飲的族群，可在歷史上他們因為集體醉酒而輸掉戰爭的例子並不多。而對於凱爾特人而言，酗酒根本就是他們的生活方式。

古羅馬人對凱爾特人沉迷於飲酒表示不可理解，羅馬士兵為了保持健康，每天要喝掉兩、三升葡萄酒，但他們喝的葡萄酒是兌水稀釋過的，這被認為是文明人的習慣。相對的，如凱爾特人這樣不兌水喝酒的，就是蠻族的標誌：他們不光是不兌水，乾脆直接將酒當成水喝——羅馬人在征服高盧時遭遇過對方全體醉臥疆場、束手就擒的黑色幽默事件。

凱爾特人嗜酒如命，自從西元前六世紀，希臘人將葡萄栽培和釀造技術傳給凱爾特人之後，葡萄酒就成為凱爾特人的另一種血液了。正是凱爾特人讓葡萄園從地中海沿岸蔓延到整個歐洲大陸，同時

中世紀繪畫，凱爾特人的酒宴

也正是他們將製造橡木酒桶的技術，通過羅馬人傳遍了全世界。

能喝酒的人怎會不喜歡音樂和歌唱？凱爾特人發明了豎琴，原始的凱爾特豎琴是挖空木頭做成響板，再裹上獸皮和琴弦，就能奏出優美的旋律了。正是豎琴成就了吟遊詩人的神話，讓凱爾特人的酒宴上充滿了美妙的旋律。但盛大的宴會往往需要鮮血助興，凱爾特人在酒醉時會變得異常衝動，往往一個眼神的碰撞便會激起口頭爭執，繼而變成一場決鬥。醉漢視自己的生命為兒戲，也視對手的性命為無物。

除了豎琴的旋律之外，還有一種凱爾特式的聲音讓人記憶猶新，那就是戰場上無數個號角發出的嘹亮聲音。古羅馬歷史學家西庫羅斯對此評論道：「他們的號角發出尖銳刺耳的聲音，簡直與戰場上的喧囂混亂相得益彰。」古希臘學者斯特拉博曾這樣說凱爾特人：「他們整個民族狂熱於戰爭，勇武自信，敏於作戰。當他們受到煽動時，會相當直率而不加深思熟慮地召集人馬去戰鬥，以至於很容易受到那些圖謀哄騙他們的人的操縱。」他認為凱爾特人是天生好戰的動物，如果沒有希臘人這樣的異族交戰對象，凱爾特部落之間也一定會互相廝殺。因為所有凱爾特人都是目空一切的自負者，他們驕傲自滿、不停爭執。

對於凱爾特人最直觀的描述，來自於曾與他們作戰的希臘和羅馬將官的回憶錄，其中如此描述了凱爾特人的外貌：金髮、紅潤臉龐的巨漢，他們用石灰水漂白頭髮並編成小辮子，有時還把皮膚染成藍色；有點地位的男人都會蓄上滿臉鬍鬚。他們頭戴外形迥異的青銅頭盔，有些是牛角造型，有些是鳥獸浮雕，這讓他們更顯得身材魁梧高大。上戰場時，他們喜歡赤身裸體地戰鬥，讓文明世界的士兵看得眼睛發直。

很多歷史學家認為，凱爾特人是男女徹底平等的族群，女性不光可以管理部落事務、執掌宗教事務，還可以直接抄起傢伙上陣參戰。古羅馬人曾諷刺地形容：「即使是一支軍隊也無法抵擋一個凱爾特人，特別是在他叫上自己老婆來幫忙的情況下——凱爾特女人可是非常壯實的悍婦！」

從凱爾特歷史的不同發展時期來看，女性的地位其實是搖擺不定的。早在西元前四世紀，女性就作為戰爭調停人活躍在凱爾特部落之間。西元前二一八年，迦太基統帥漢尼拔曾與凱爾特人的領袖達成協議：如果凱爾特人控訴迦太基人，由漢尼拔負責公正審判；如果迦太基人指控凱爾特人，則由一位特殊的凱爾特婦女負責解決爭端。

到了羅馬征服時期，凱爾特仍有女性擔任部落女王的例子。羅馬進攻不列顛的時候，巾幗英雄布迪卡（Boudicca）自封為王，率眾起義反抗。但隨著羅馬化進程的加深，羅馬人以法律形式規定，凱爾特部落的權力傳承只能在男性繼承人中進行，所以凱爾特傳統上的「女子干政」，這種不被羅馬人認可的習俗逐漸被摧毀了。

馬其頓歷史學家兼將領波里比阿曾這樣描述戰鬥中的凱爾特戰士：「他們懷著滿腔怒火，徒然而狂亂地衝向敵人，直至犧牲他們的生命。」凱爾特戰士面對槍林箭雨時不是設法保護自己，而是「像狂暴而衝動的野獸一般撲向敵人，完全沒有一絲理性；斧劍之下，他們被紛紛砍倒，但只要身體內還有一口氣，這股盲目的狂熱勁就不會失去。甚至在被箭矛刺穿身體時，他們也還靠著支撐其生命的頑強精神堅持下去。其中一些人甚至從他們的傷口中拔出擊中他們的長矛，擲向敵人或用它來刺敵人。」

雖然勇敢無畏，凱爾特人在性格方面還是有很大的缺陷。古希臘學者斯特拉博指出，凱爾特人除去坦率和天性狂熱之外，還極其輕浮，大言不慚。他們在勝利時傲氣淩人，而失敗時又垂頭喪氣。

凱撒在《高盧戰記》中對此有不少類似的評述，除了那句著名的「我來，我見，我征服」之外，他還吐槽凱爾特人性情浮躁，輕於尋釁惹禍；氣質脆弱，完全經受不起挫折；脾氣反覆無常，行事輕率；等等。但除此之外，凱撒還是禁不住稱讚這些蠻族人是極機靈的民族，最善於模仿和製作別人傳去的任何事物。

正是覬覦高盧地區的富饒物產和凱爾特人的勇猛無畏，羅馬人才會一次次發動征服戰爭吞併了高盧。羅馬得到高盧，同化了高盧，這些來自凱爾特的新鮮血液，為未來的羅馬帝國提供了豐富的兵源和繼續征服行動的進攻基地。但凱爾特人尚在萌芽狀態的國家形式被徹底扼殺，他們再也沒機會形成一個統一的民族和統一的國家，來與「文明世界」爭霸。

第三節　凱爾特人的宗教

西元前五世紀開始的拉登文化期，誕生了凱爾特人特有的藝術審美：古典藝術作品一般都強調莊重的秩序感和對稱感，但凱爾特人偏偏劍走偏鋒，他們的藝術品表現出一種植根於大自然、充滿生命質感的想像力。拉登文化時期的藝術品，通常以扭曲旋轉的線條來表現某種特定的物件，那些或張揚或低伏的圖案，或是暗示一張面孔，或是寓意一根樹枝，充滿了不可思議的感染力。

這種藝術形式的產生，與凱爾特人的精神信仰緊密相連，只有源自自然世界的獨特宗教體系，才能支撐如此鬼斧神工的藝術創造力。凱爾特人的宗教並不像希臘—羅馬神話體系那般井然有序、秩序森然，在這些沒有國家和民族概念的蠻族頭腦中，實在無法想像出一個如宙斯或朱比特那樣，高高在上統治一切的神靈帝王。

凱爾特人與異族之間的貿易往來，帶來的不僅是商品貨物，更有來自不同文明圈的文化衝擊。凱爾特人以其強健而簡單的頭腦，將外來的神話體系吸收到自己的宗教體系中，創造出一個繽紛多彩的多神教精神世界。

在凱爾特人所崇拜的諸神隊伍中，不僅有本民族的幾百位神，還逐漸加入了埃及神、希臘神、羅馬神、伊比利亞（The Iberians）神等。在這個大雜燴式的神話體系中充斥著夢想、魔力和象徵意義，凱爾特人將自己的精神世界與大自然緊密相連，將身邊發生的一切都與超自然的力量聯繫起來——那正是他們想像中神祕莫測、難以預料的一個個神祇在顯靈。

加拿大維多利亞大學的斯克爾頓教授如此評價凱爾特人的宗教：「凱爾特人從不建造教堂或者廟宇，大自然本身就是他們的大教堂。」而能夠使真實世界中的凱爾特人的靈魂與混沌神祕的神界得到溝通的，只有德魯伊（Druid）。

1 智慧守護者

「德魯伊」這個詞的字面意思是「熟悉橡樹之人」，德魯伊教以橡樹為天神形象，以橡果為聖果，所以這個名字的真正含義，是「掌握神聖知識的高士」。根據愛爾蘭古代編年史《入侵記》，德魯伊教士是這個國家最早的凱爾特殖民者，他們都屬於雅弗部落（Japheth）。

雅弗部落從黑海北岸一路遷徙進入今日的希臘地區，再到埃及和西班牙地區，最終在西元前一五三〇年，由西班牙地區到達愛爾蘭地區。在這海上的遷徙過程中，德魯伊大祭司凱科斯以他偉大的預言術，成為整個部落的精神領袖和領導核心。據說他在整個部落踏上漫長旅程之前，就已經預見到愛琳（Erinn，愛爾蘭的舊稱）是他們最終的目的地。

當德魯伊教士到達愛爾蘭之時，他們的首腦是阿麥金（Amairgin）。阿麥金是一位偉大的祭司，同時也是德魯伊遠征隊中的詩人和法官。他是一個非常有名的德魯伊教士。儘管他不是我們所知的唯一的德魯伊，但他是愛爾蘭蓋爾人（The Gaels）中的第一個德魯伊教士。隨著第一批德魯伊移民在愛爾蘭登陸，德魯伊教士閃電般地征服了這塊土地，並且將自己的教義散佈到愛爾蘭的每一寸土地上。

德魯伊教的典型螺旋形徽記

德魯伊教的儀式和教義非常神祕，而且依照慣例，只能口頭傳授。一個合格的德魯伊教士至少要經過二十餘年的嚴格訓練，才能掌握龐雜的凱爾特神靈專業知識，再由他向信徒們傳播關於德魯伊教的眾多信仰傳說。德魯伊教沒有留下文字典籍，這是凱爾特文明在遭遇挫折後徹底失傳的根本原因——沒有任何關於它的文字作品流傳下來，使得倖存的凱爾特人除了接受外來征服者的文明外別無選擇。

對此，凱撒曾經在他的《高盧戰記》中如此記錄：「德魯伊教士認為他們的宗教信仰不能以任何書面形式進行記載和傳播。」他還猜測到，這是因為蠻族教士擔心文字記載的典籍，會令凱爾特平民輕而易舉地獲得神聖的知識，使他們的智慧受到玷污，變得粗俗。凱撒的猜測應該沒錯，但更現實的原因，可能是德魯伊教士是凱爾特社會中唯一掌握宗教和文化知識的階層，他們會想盡辦法保護自己手中的壟斷資源，哪怕這種壟斷最後導致整個德魯伊教文化知識的失傳，因為文字記載無疑會嚴重削弱他們的特權和威望。

德魯伊教士壟斷了知識和宗教權力

基於上述原因，雖然後世的歷史學家經過不懈的研究和探索，依然對德魯伊教的具體內容所知甚少。多數有關德魯伊的資料都來自希臘和羅馬的文獻資料，除此之外，考古學家只能通過森林、神壇、廟宇的遺跡中偶然尋獲的圖畫、記號之類的微小線索進行研究。

羅馬人對德魯伊的態度是古典宣傳戰的典範：史書上關於德魯伊教的最早記載，主要見於凱撒和古羅馬最偉大的史學家塔西佗（Publius Cornelius Tacitus）的著作。這些著作多描述德魯伊教的野蠻和恐怖。凱撒遠征高盧時，曾向元老院報告：「德魯伊教士在當地有仲裁和主祭等重要地位和權力，他們在樹林中居住，用金鐮刀砍伐神聖的橡樹果，甚至用活人獻祭！」

等到凱撒即將征服高盧人時，這位獲得絕對優勢的勝利者又開始讚許凱爾特人的品質和他們的文化。那麼凱撒說的到底是真的還是假的呢？

首先可以肯定一點，凱撒並沒有撒謊，他只是根據不同的政治環境，有選擇地說出對自己有利的事實、並加以誇大。當他征服高盧時，需要為自己的侵略找到一個正義的藉口；當他準備安撫被征服的凱爾特人時，自然要好言幾句。

綜合凱撒和塔西佗的著作來看，德魯伊的確是一個非常崇尚神祕主義的宗教。凱爾特人的宗教祭祀儀式，往往選擇在夜闌人靜、滿月高懸之際舉行，地點多在一片被稱作「聖所」的小樹林中或林間空地上。德魯伊祭司身著素服，在滿月的第六日收割橡果，在此過程中橡果不能墜地，祭司會用自己的白斗篷接住聖果。有時候祭司們會以金鐮割取槲寄生枝條，並在聖樹下舉行兩頭白牛的犧牲祭祀。

根據古羅馬人的記載：德魯伊教士精通占卜，在預言的過程中，德魯伊教士往往借助鳥獸，如烏鴉、老鷹等來占卜吉凶，他們通過品嚐被屠宰牲畜的血肉和骨髓獲取靈感，有時也觀察牲人的喉嚨和內臟來做出預言。

在節日到來之時，德魯伊教士會舉行儀式，將人催眠，然後與之互換靈魂，再以夢境預知未來。德魯伊教士也相信靈魂的永恆。他們會在親人死後，將死者生前的所有物品一併燒掉，甚至跳到火中抱住親人的屍體，與親人同登極樂。

德魯伊教規定，男女皆可為德魯伊教士，而且同樣在社會上享有崇高的地位，他們是執法者、吟遊詩人、探險家的代名詞。曾有史學家將德魯伊教士與印度的婆羅門、波斯祆僧、埃及祭師，和巫醫等同視之。

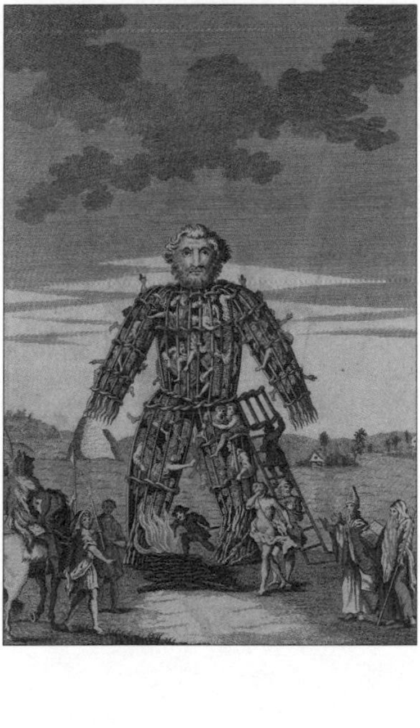

西元十七世紀的英國繪畫，描述了想像中的德魯伊教士焚燒牲人的場景

德魯伊教中的確存在恐怖活祭的行為，正是這一點，令他們被羅馬人大加抨擊。不過，在世界各地曾出現的原始宗教中，都有過殺生祭祀的活動：早期的猶太教便以此而聞名，《聖經》中甚至有專門的篇幅來歌頌信徒殺子獻祭的舉動。

德魯伊人對於生命的理解，與南美洲的馬雅文明有一絲類似：他們認為，通過殺生獻祭可以取得神靈的格外恩寵，和淨化死者與生者的靈魂。通常他們所獻祭的牲人是犯人或戰俘，如果沒有人選時，就會在平民甚至是貴族中進行挑選。受難者或被關進柳條編成的人形籠子裡燒死，或用木樁刺穿，或用利器插死，或用亂箭射死。

在人祭儀式中，最神聖的一種被稱為「三重死亡」，只有被挑選成為「德魯伊王子」的凱爾特貴族成員，才可作為牲人接受這個儀式。當牲人吃下撒有橡果的烤大麥餅之後，德魯伊教士用斧頭將他打暈，再迅速用有三個結的繩子將其勒死，並同時割開其喉嚨，最後將牲人面朝下放在四尺深的水裡，表示他最後是被淹死的。

以活人獻祭的德魯伊宗教，其理論依據是靈魂轉世說。這個宗教主張人死後靈魂不滅，只是由一具軀體轉投另一具軀體。他們認為要拯救一個人的生命，只有獻上另一個人的生命，神靈才會答允。所以凡有要人病危，或將於戰爭中面臨失敗威嚇時，德魯伊教士們便會主持人祭來祈求神靈庇護——這並不是凱爾特人獨特的做法，迦太基人也有類似的風俗。

按照凱撒的記載，德魯伊教受一位掌握最高權力的首腦領導，首腦死後由地位僅次於他的德魯伊繼任。若有幾位地位相仿者，則由眾德魯伊推舉決定首腦人選。眾德魯伊每年一度集會議事，屆時各地人員齊集在高盧腹地卡爾努特的聖地。凱撒提到，這套制度起源於不列顛，後傳至高盧。

雖然凱爾特人只是同一種語言的鬆散部落聯合體，但極富權威性的德魯伊階層影響力，形成了一種跨部落的教權。這種帶有濃厚原始崇拜色彩的宗教，幾乎成為凱爾特人的共同信仰，並在其社會生活中發揮著突出的作用。鬆散而內鬥不休的凱爾特人，在德魯伊教的領導下逐漸凝聚，如果不是被羅馬人打斷這一進程的話，僅在高盧地區就足以形成一個強有力的凱爾特王國。

羅馬的征服阻礙了凱爾特王國的形成，也徹底毀滅了德魯伊教。一開始，羅馬人採取的策略是支持某些部落去攻擊另一些部落；當凱爾特部落兩敗俱傷時，羅馬人便來接手他們的地盤，正如凱撒所說：自此，大多數凱爾特人已是羅馬治下的子民了。

當凱爾特人意識到自己的自由遭到剝奪，便群聚在韋辛格托里克斯的旗幟下，他發動大起義以掙脫枷鎖，此刻德魯伊教士也投身其中。塔西佗曾記載，在戰鬥中，德魯伊教士摒棄了不參與戰爭的傳統，他們身穿黑衣在凱爾特的軍隊中跳躍舞蹈，以各種神靈之名惡毒地詛咒羅馬人。他們將螺旋狀的圖案，繪製在凱爾特戰士的皮膚上和盾牌上，向他們保證，戰死之後可以通過屠殺女神阿格羅娜（Agrona）的神奇大鍋獲得轉世。於是凱爾特武士毫無顧忌，不穿鎧甲、赤身裸體地衝向羅馬軍隊的槍林箭雨之中。

德魯伊教士將這場大起義視為驅逐羅馬人的最後機會。在最後之戰中，一位凱爾特酋長高聲宣佈：「我是自由世界的自由人！」但他轉瞬便被羅馬士兵砍死。高盧大起義的失敗，徹底動搖了德魯伊教的生存基礎，羅馬士兵毫不留情地屠殺德魯伊教士，將他們的屍體遺棄在神聖的森林裡。這次失敗後，德魯伊教一蹶不振，逐漸沉沒在歷史長河之中。

德魯伊教毀滅之後，由教士們口口相傳，延續了數個世紀的凱爾特智慧也隨之煙消雲散。隨著高盧地區的羅馬化進程，德魯伊這種異教思想最終湮滅，只在不列顛和愛爾蘭這些島嶼上殘存，並於幾個世紀後沉澱在蘇格蘭、愛爾蘭和威爾斯的民間傳說之中。

基督教興起之後，德魯伊教留下的文化遺產，被基督教教士以民間故事集的形式呈現。雖然德魯伊教的創世傳說被《聖經·創世記》所取代，異教信仰的神話與基督教故事融為一體，但凱爾特的精神精髓在芬恩（Finn）、庫胡林（Cú Chulainn）和亞瑟王等傳說人物的身上得到體現，並以頑強的生命力流傳下去。

2 凱爾特諸神

德魯伊教守護的是怎樣的一個精神世界呢？

由於凱爾特文明的絕大部分資料已經湮滅於歷史長河之中，所以我們無從得知在他們心中這大千世界是如何起源的。在德魯伊教供奉的幾百位神靈中，有相當多數源自印度、埃及、希臘、羅馬和愛爾蘭等地；在凱爾特人的遷徙過程中，他們逐步吸收自己接觸過的各文明的神話。凱爾特人走到哪裡，就將當地的神吸收到自己的宗教中。在被羅馬征服之前，凱爾特神話的發展，在歐洲大陸已相對穩定。

凱爾特人信仰的神大多為地域和部落守護神，而且通常以部落之名稱呼。高盧部落的神不會管到愛爾蘭凱爾特人的頭上，頗有幾分類似中國神話中只管自己這一畝三分地的土地爺。後來隨著部落間接觸和交往的密切，部落守護神逐漸融合為一，變成廣泛受到崇拜的神靈，成為高盧、乃至布立吞諸凱爾特部落所共同敬奉的對象。

凱爾特人認為，自然世界與超自然世界之間沒有界限，神靈無處不在，自然世界中的一切都具有宗教意義：一陣狂風、一場暴雨、一聲霹靂、一道閃電，都會令凱爾特人感到自己觸犯了神靈。凱爾特人的神靈多達數百個，管轄著真實世界與超自然世界的一切：太陽神貝勒努斯（Belenus）與暴風雨神塔拉尼斯（Taranis）纏鬥不已，確保了白晝緊接黑夜，暖春驅走寒冬；勝利女神阿德拉斯特（Andraste）驅策英雄一往直前取得勝利，若是得罪了她，就會在戰爭中連遭敗績；愛爾蘭烏鴉女神摩莉甘（Morrigán）也是一位嚴厲的女戰神，當她的信徒厄運難逃時，她會化身渡鴉或烏鴉出現在戰場上，向戰士預言他的死期臨近。

凱爾特神話與他們的自身勞動與生活密切關聯，充分體現出凱爾特人的興趣和渴望。他們喜愛狩獵，所以就誕生了許多形似野豬、鹿、熊的動物之神，設置這些神靈，絲毫不是基於保護野生動物，而是保佑凱爾特人能夠獲得充足的獵物。凱爾特人重視畜牧農耕，所以太陽神會保佑田地產出豐盛的作物，雷神賜予他們雨水灌溉農田。凱爾特人擅長騎馬奔馳，自然是因為有艾波娜（Epona）這樣的騎馬女神庇護，而漫山遍野放牧的牛羊，則有達摩娜（Damona）這樣的牛羊庇護女神關照。

凱爾特人喜食豬肉，嗜好宴飲，所以威爾斯神話中就告訴自己的人民，在彼岸世界的豪奢宴殿中，有一口取之不盡、用之不竭的神鍋和豐盛的豬肉佳餚。威爾斯的老少男子穿戴著金項鍊在那裡享用永恆不斷的殺豬大菜，一天三頓小燒烤，還有穿著貂裘的仙女剝蒜，完全不用擔憂生老病死的人間瑣事。

羅馬人有一種觀念：世界上各民族信仰的神靈其實是同一的，只是不同的民族對他們的稱呼各不相同而已。所以，當凱撒踏上高盧大地時，他理所當然地將羅馬神靈的名字直接用在凱爾特神靈身上，將凱爾特人信仰的神靈一概視為羅馬神在高盧當地的顯靈。

「整個高盧民族都沉溺在各種各樣的宗教祭禮之中。」這是凱撒的一大發現。他觀察凱爾特人的日常行為，得出的結論，是這些蠻族認為自己接觸到的、與進入的一切地方，都是不同神靈的領地，應當向他們致以應有的敬意。

凱爾特人這種處處有神靈的觀念，也深深影響到入侵的羅馬人。在高盧和不列顛戰役期間，羅馬軍團對陌生的森林、溪流和沼澤從不敢冒犯，他們都像凱爾特人一樣畢恭畢敬地獻上貢品，祈求那些隱藏其間的蠻族神靈的諒解和庇護。

最讓凱撒感到「友邦人士驚詫莫名」的是，凱爾特人雖然無比虔誠，卻從不為自己的神靈建立神廟，他們若是想要取得某位神靈的饒恕或保佑，就在野外舉行德魯伊教的祭祀儀式。

凱爾特人在傳統上不建神廟，不為自己的神靈造像。西元前二七九年，凱爾特人入侵古希臘文明的精神發源地——德爾菲（Delphi）時，為首的布倫納斯曾對希臘人為神靈建造的擬人雕像大加嘲諷。但是這種虛張聲勢並不能隱藏凱爾特人對文明更高的對手的羨慕，凱爾特人對於特爾斐城內大量的雕塑很感興趣，這些蠻族戰士驚駭於代表自然的四大元素神，竟然可以被還原為人的形象！

在其後的歲月中，凱爾特人接受了神靈可以有擬人化形象的概念，尤其是在被羅馬人征服之後，凱爾特人接受了朱比特等羅馬神的形象，這些來自征服者的信仰，也步入了凱爾特四百餘位神靈的行列。

羅馬人為凱爾特人帶來了建造神廟和神像的習俗，而這也正是凱爾特人開始羅馬化的表現。羅馬征服時期的凱爾特神廟中，獻祭給神靈的黃金、兵器等貴重物品並無人看守，但凱爾特人基於德魯伊教的傳統，絲毫不敢盜取自用。

凱爾特步向羅馬化的進程，從為神仙改名開始：以凱撒為首的羅馬人，將凱爾特太陽神貝勒努斯宣佈為偉大的羅馬太陽神阿波羅，他們用「聖父」這個羅馬概念的詞彙，稱呼凱爾特神話中的祖神達格達（Daghda）——他是愛爾蘭和高盧凱爾特人信仰的聖靈祖先。

凱爾特的大地之母之一是愛爾蘭神話中的女神安努（Anu），她掌管女性生殖力、土地肥沃程度與個人財富等。在愛爾蘭的神話中，君主只有與大地之母婚配，才能保證土地豐收人民富足。在基督教傳入之前，每一位愛爾蘭王登基時都必須舉行與大地之母的象徵性婚禮。

羅馬人將凱爾特的大地之母稱為母神，她大多情況下以三位一體的面目出現，每個形象都代表這位母神成長的一個階段或者是不同的一面，如青年中年老年，生命生育死亡這般。母神並不是特例，凱爾特神話中的很多神祇都有三位一體的屬性。當然奇葩總是有的，例如高盧人有一位神的三位一體就體現在下半身上，這位有著三根陰莖的神靈，讓羅馬人思考了很久，後來他們宣佈這位骨骼驚奇、本錢雄厚、天賦異稟的大神，應該就是羅馬神話中的墨丘利……

3 他方世界

在凱爾特人的思想體系中，數字帶有特殊的神祕寓意，比如「5」用來代表包括東西南北中在內的整個世界，而「3」暗示了萬物運轉的規律。凱爾特社會分為勇士貴族、德魯伊和手藝人這三個階層；宇宙中有三種生命形式：人、神和亡靈；世界則分為天堂、人間和他方世界三個區域。

在現實世界的某些地方，存在著通往他方世界的入口。如果你能進入其中，就會發現那是普天下最快樂的土地——樹木枝繁葉茂，果實掛滿枝頭，四處鮮花綻放，河裡流淌著取之不竭的瓊漿玉液。那裡的居民青春不老，每天參加永不結束的盛宴。音樂、美酒、金銀珠寶，無憂無慮，盡情享樂！

這就是凱爾特人對彼世的想像，那是人人嚮往、充滿魔法力量的樂土，它被凱爾特人稱為「不老之地」。

在愛爾蘭的凱爾特神話中，大地女神安努的子孫組成了一個神聖部落——圖阿薩．代．達南族（tuatha Dé Danann），他們是愛爾蘭島的土著主人。這些達南族人擁有神靈的血脈，能夠施展神奇的本領。然而，在遭遇到從西班牙渡海入侵的米列族（Milesians）後，達南族人被打得潰不成軍，在整個島上都找不到容身之處。

眼看女神的後裔要上演亡國滅種的慘劇，幸而神的血脈不是白給的，達南族人開闢了廣闊的地下世界，以及愛爾蘭島西邊大海盡頭的神靈居住之地作為他們的新領土，這些地方被統稱為「他方世界」。

達南族人離開現實世界的同時，也留下了通往他方世界的入口，這些溝通兩個世界的入口，往往是一些隱祕的洞穴、湖泊深處等等，尤其是那些被稱為仙塚或仙堡的史前墓塚。每個仙堡裡都有一口神鍋，可以源源不斷地供應讓人起死回生的食物和藥膏；這裡的蘋果樹上結滿了使人長生不老的果子；這裡的肥豬被屠宰後又立刻復活；如果你要求更多，那麼就請喝下能賦予人極大智慧的魔水……

他方世界宛如天堂般美好，自然會激起世人無限的嚮往和憧憬。但是神靈們並不希望凡人窺探那個神祕之處，所以愛爾蘭島的守護神曼納南（Manannán）築起了一道隱形的牆，試圖隔離他方世界與俗世，但仍難阻擋英雄尋找此福地的腳步，其中尤以歐辛（Osin）和妮亞芙（Niamh）的故事最為出名。

根據傳說，妮亞芙是來自他方世界的公主。她愛上了歐辛，於是穿過薄霧來到了萊恩湖邊。公主找到正在狩獵的心上人，邀請他前往「不老之地」。歐辛在那裡幸福而無憂地生活了三個世紀，可有朝一日，他突然無比想念自己的故鄉和父親，吵著鬧著要回家省親。他不顧妻子的反對返回愛爾蘭，而且忘記了妮亞芙警告他，雙腳切不可踏上愛爾蘭土地。結果他一踏上愛爾蘭的土地，立刻變成了一個虛弱無比的老人，再也無法返回不老之地了。

雖然凡人想涉足他方世界是千難萬難，但達南族人卻可以自由地騷擾凡間。除了仙女公主妮亞芙的故事之外，烏鴉女神摩莉甘也會在每年的薩溫節時從自己的仙塚來到凡間搗亂害人。

愛爾蘭凱爾特神話中的他方世界，也可以理解為冥界，統治他方世界的是黑暗之神唐恩（Donn）。在威爾斯凱爾特人的神話中，乾脆將他方世界直接換成了冥界安努恩，那裡的居民在年輕國王阿隆（Arawn）的統治下不老不死，終日狩獵宴飲，狂歡無度。中世紀的威爾斯民間故事集《馬比諾吉昂》（*Mabinogion*）提到，不列顛最早的豬就來自安努恩，是國王阿隆送給普伊爾王的繼承者皮德瑞（Pryderi）的禮物。

與他方世界中的傳說一樣，在安努恩這個世界裡，也有一口提供無盡美食的神鍋。在《安努恩的戰利品》這則故事裡，凱爾特人的偉大領袖亞瑟王曾率領手下坐著三艘船闖入冥界，企圖奪取神鍋。可是，冥界對於擅闖其中的凡人來說是可怕的死亡之地，鎩羽而歸的亞瑟王幾乎全軍覆滅，只有他和手下六人得以生還。

不過，並不是所有的凡人都會在安努恩遭遇不幸。威爾斯凱爾特人的神話，講述了一段英雄布蘭（Bran）的故事：布蘭在戰鬥中被殺，他留下遺言，讓部下割掉自己的頭顱送至倫敦。結果承擔重任的快遞員抵達之後，布蘭的頭顱不僅沒有腐爛，反而和生前一樣意氣風發——彼世的人比凡塵中人高明了不知多少，布蘭的頭顱和他們談笑風生！

在愛爾蘭凱爾特人的傳說中，動物比凡人更容易與他方世界建立起聯繫。除了凱爾特人百吃不厭的豬隻，獵犬和天鵝也是溝通現實與彼世的重要媒介。威爾斯人相信，通體雪白、耳朵發紅的獵犬是冥界之王阿隆的寵物，在凱爾特神話中狗象徵著死亡，也象徵著治癒。他們相信狗可以通過舔舐自己的傷口來療傷，所以與治療有關的神廟中總會有狗的雕像。

他方世界的傳說，源自凱爾特人對太陽和死亡的崇拜。古代凱爾特人認為世界分為由太陽統治的可見世界，和由黑暗統治的隱祕世界。當一個人死去後，他的靈魂會前往他方世界，在那裡獲得新生。當他在他方世界裡的生命走到盡頭時，他的靈魂會再回到第一個世界，開始新的生活——如此迴圈不休。

凱爾特人對死亡的態度是豁達的，他們相信來生就是自己現世生活的延續，因此他們會為死者準備食物和飲品，甚至備好了來生所需的器物。

在凱撒的時代，凱爾特貴族的葬儀隆重奢華。根據考古發現，貴族墓穴中有雙輪戰車陪葬，精美的珠寶、美麗的織物，和各種生活器皿應有盡有，有些墓穴中還發現了狗、兔子和鳥等陪葬動物，用凱撒的話來說就是極盡「壯觀與奢華」。

一旦有部落的重要人物去世，整個部落的人都會前來參加葬禮。大家按照德魯伊教規定的儀式致哀並歡宴一場。在宴會上，戰士們盡情吹牛，誇讚死者和自己的武勇，大家暢飲葡萄酒，直到酩酊大醉。在葬禮的最後，所有人一起將長矛擲入死者的墓穴，完成整個安葬儀式。

在奧地利的哈爾施塔特遺址中，凱爾特人的墳墓用石頭砌成，遺骨的四周散落著陪葬品：一些陶罐和一艘精緻的小金船。凱爾特人和古埃及人一樣，認為墳墓是通往彼世的入口，所以他們也用船將死者送往來世。

愛爾蘭的凱爾特人也相信人死後會前往彼世重新開始生活。他們將死者放進箱形石墳中，墳內放有盛放食物的大甕以及烹飪用的鍋，以供死者在來世使用。他們還用石頭建造祭壇，在鋪設於地面的石板上，擺放供奉給神靈的祭品。

德魯伊今日已不復存在，只有模糊的傳說在世間傳遞

西元前一〇〇年，凱爾特人再度流行起火葬的習俗。凱撒記錄道：「他們將所有屬於死者的珍貴物品悉數投入火中燒掉，甚至包括人畜等活物。」按這位羅馬征服者的理解，凱爾特人將死者家屬和奴隸也一併推入火堆燒死，是為了讓他們一同前往他方世界，繼續陪伴與伺候死者。

每年十月三十一日晚上，是不列顛島上凱爾特人的薩溫節[2]，也是死神收集亡靈、並釋放以往鬼魂

2 凱爾特人的曆法把一年分為白晝短夜晚長的冬季與晝多夜短的夏季。十月三十一日，人們將夏日的農忙收成放入倉中，放牧的羊牛也趕回準備過冬；這晚的慶祝活動就稱為薩溫節（Samhain）。薩溫節有「鬼節」、「死人之日」等說法，因為凱爾特人相信，在世界進入黑暗多於白日的這夜裡，活人世界跟亡者世界之

的夜晚。當月亮升起時，凱爾特人熄滅家中燈火，在德魯伊教士率領下，登上山頂點燃篝火，以嚇退那些逼近的邪惡力量，保證死者的靈魂安然前往他方世界。

德魯伊教士殺馬祭祀太陽神，同時將犯罪者或戰俘燒死，獻祭給死神。儀式完畢之後，人們會舉著火把返回家中，享用美食，唱歌跳舞。如今，這種儀式發展成了基督教的萬聖節。

自從歐洲大陸和不列顛島被羅馬同化之後，愛爾蘭幾乎成為碩果僅存的凱爾特文化標本。但西元五世紀時，聖派翠克和他傳播的基督教福音，徹底終結了凱爾特人的文化。凱爾特神話中有一種根深蒂固的英雄神思想：英雄神將遭受背叛和殺戮，然後重生。所以，基督教教義所宣揚的耶穌死亡和復活，對於凱爾特人來說是非常容易接受的。當一座座石頭修建的基督教教堂和修道院出現後，落後的凱爾特文化終於走到了盡頭。

隨著一個又一個凱爾特部落皈依基督教旗下，德魯伊教和凱爾特神話都成為他方世界的傳說那般模糊隱祕。基督教教士用鵝毛筆和羊皮紙記錄凱爾特傳說中的英雄故事，將其整理成記載愛爾蘭歷史的英雄史詩。也許只有這些殘留著濃厚凱爾特蠻族神話色彩的故事集，才是對那些已經消失的神靈的紀念。

間的界線會變得模糊，惡鬼與善靈都會進入活人的世界，凡人亦可能不小心就跑去那亡者國度。

第二章

魔幻時代

西元八十二年，羅馬帝國的不列顛尼亞總督阿格里柯拉（Julius Agricola）率軍抵達蘇格蘭的金泰爾角，二十五公里外就是愛爾蘭附屬島嶼的輪廓。以當時羅馬人的眼光看，遠處外海的那個島嶼應該是世界的盡頭了。

雖然阿格里柯拉認為，只要派出一支軍團外加一些不多的蠻族輔助軍，就可以平定整個蘇格蘭，但時任皇帝圖密善並不這麼看。他援引屋大維定下的不許再擴大帝國疆土的規矩，強行召回了善戰的阿格里柯拉。

後世的學者如此分析羅馬帝國放棄征服蘇格蘭與愛爾蘭的原因：羅馬正值軍事、經濟和文化的巔峰期，急於享樂的統治者不願意再為不列顛的蠻族土地繼續流血。因為這裡離帝國的中心太遠，難以有效控制；除了隱藏著德魯伊教士的森林外，這裡也看不到有什麼值錢的特產；最重要的是，此地的凱爾特蠻族民風彪悍，打下來容易守住太難。

但阿格里柯拉的女婿塔西佗並不這麼看。這位歷史學家宣稱，自己的岳父被召回羅馬，全因為暴君圖密善的妒忌。因為圖密善本人毫無軍事才能，親自指揮的幾次軍事冒險都告失敗，所以才無法容忍阿格里柯拉在不列顛的偉大勝利。

這是一樁古羅馬史上的公案，但不管真相如何，對凱爾特神話來說都是一件幸運之事。如果阿格里柯拉繼續打下去，蘇格蘭和愛爾蘭、威爾斯，這些僅存的凱爾特文化無疑都將灰飛煙滅。

此後，上述三地的凱爾特文化又僥倖存活了幾百年時間。這樣我們才有機會一窺那個夢境般的凱爾特神話世界，感受那個充滿質樸想像力的魔幻時代。

第一節　愛爾蘭神話

愛爾蘭的凱爾特人一批來自歐洲大陸，一批來自不列顛西北部，分兩批遷入愛爾蘭島。

他們可不是愛爾蘭的第一批土著，早在西元前七千年，第一批來自不列顛島的遊獵部落就已經渡海踏上了愛爾蘭島。目前一般認為凱爾特人是在西元前六世紀左右來到愛爾蘭的，他們迅速佔據了這個島嶼，就成為新天地的主宰者。此後一批批的凱爾特部落反覆入侵這個偏遠的島嶼，他們被同為凱爾特人的布立吞人稱為蓋爾人。

愛爾蘭的歷史，就是一場入侵疊加著下一場入侵的故事，來自歐洲大陸的不同凱爾特部落、丹麥部落和日爾曼部落，一次次踹開大門登堂入室，這個過程不僅塑造了愛爾蘭個性十足的國家民族觀念，還接著創造出了蘇格蘭與威爾斯。

凱爾特人雖然沒有讓愛爾蘭島統一成為一個國家，卻統一了它的文化。

凱爾特文化在愛爾蘭島上佔據支配地位，直到西元五世紀時聖派翠克從不列顛帶來了基督教。在此之後，一方面基督教快速摧毀了愛爾蘭古老的異教信仰，另一方面愛爾蘭的基督教修士又勤勉地為自己的人民編纂關於國家民族的歷史。到了西元十二世紀，已經有《神話故事》、《阿爾斯特故事》、《芬尼亞故事》和《諸王列傳》一共四組民間傳說體系形成。

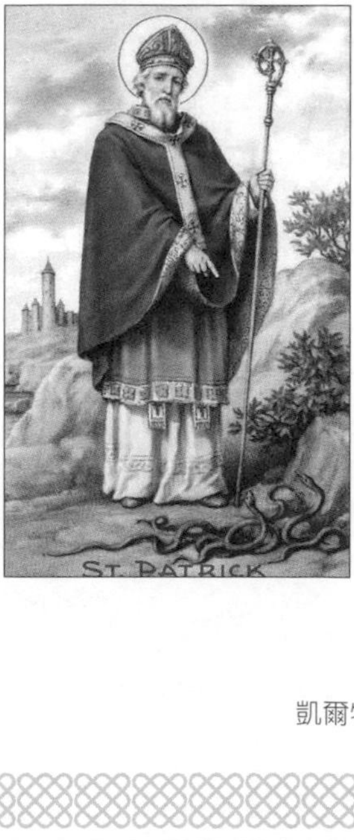

聖派翠克為愛爾蘭帶來了基督教，令凱爾特文化徹底被取代

在上述作品中，修士們將愛爾蘭的歷史與神話和傳奇故事融合在一起，尤其是《阿爾斯特故事》中，關於凱爾特人生活的種種細節描寫非常詳盡細緻，那些豪華的盛宴、堅不可摧的雙輪馬車，與凱爾特華麗的服飾，與一千餘年前凱撒留下的記錄非常吻合，以至於此書被稱為是「鐵器時代的窗口」。

愛爾蘭的神話故事是流傳至今最古老的凱爾特文學作品，它的雛形是西元八世紀時，以歐甘字母書寫在樹皮和石碑上的蓋爾語文字記錄。在中世紀早期，愛爾蘭島的凱爾特人仍然保持著小團體群居的習俗，直到西元八世紀前後，島上的倫斯特、芒斯特、康諾特和阿爾斯特這四個省才聯合到了一起。在四分五裂的不同小國度裡，流傳著各種版本的神話故事。基督教的修士們把流傳在愛爾蘭各地，不同版本的傳說故事不加篩選地統合在一起，形成了上述四組故事。由於不同部落的口述傳說沒有統一的故事格式，所以當修士強行將不同版本的民間傳說濃縮成單一故事時，肯定有前後矛盾、甚至是不知所云之處。

此外，這些故事最早由修士們抄寫，之後在宮廷中向國王和貴族們朗誦詠念，在口頭朗誦時總會有脫稿而出的即興發揮，輾轉摘抄時錯漏訛誤也在所難免，所以擺在現代研究者面前的，是一個相當複雜的紛亂體系。

1 《入侵記》

一般來說，任何一個民族都會思考「誰創造了世界」和「我從哪裡來」等問題，自然也就隨之產生了創世神話來給予答案。但愛爾蘭的文化存在嚴重斷層，由於掌握著凱爾特神話體系的德魯伊教士早已消失，他們通過口頭傳承的相關知識自然也徹底失落了。

基督教修士們編纂愛爾蘭的歷史時，記錄了蓋爾人殘存的那些十分混亂的傳說，當然也去除了其中顯得「政治不正確」、過分宣揚異教信仰的成分，結果就出現了一組不知所云的「神話故事」。知道箇中變化的人，能理解這就是愛爾蘭的神話故事，不知道的人還以為是「天書奇談」。總之這組傳說以《入侵記》（*Book of Invasion*）為主，記載了愛爾蘭的建立，和早期的凱爾特殖民者生活——雖然漏洞百出，但好歹勝過沒有。

《入侵記》以編年體的形式，記錄了凱爾特傳說中愛爾蘭遭受的歷次入侵，這個可憐的島嶼彷彿是侵略者的一塊擦鞋墊，它的命運就是不時被新來者的腳踐踏一番。在《入侵記》中最後登場的入侵者是米列族，他們就是蓋爾人的祖先。

雖然缺乏翔實的證據，但修士們還是在書中詳盡記錄了歷次入侵者所取得的成就：他們或者開墾了耕地，或者學會了釀酒，或者發明了冶煉技術，或者掌握了音律。就在這一次次的入侵過程中，愛爾蘭的文化逐漸成形。伴隨愛爾蘭文化一起產生的，還有整個愛爾蘭的自然界，它從故事開始一片毫無特色的荒蕪大陸，逐漸隆起山脈，淌出河流，匯為湖泊，積成平原……在愛爾蘭人和自然界一起誕生的過程中，神與魔鬼，英雄與美女，神獸與祕境的作用交織在一起，為一切改變都籠罩上了神話色彩。

雖然在修士們開始編撰《入侵記》的時代，凱爾特的吟遊詩人還沒有絕種，但基於宗教信仰的原因，編寫者拒絕將古代傳說中關於宇宙起源的成分放入自己的作品中，他們選用《聖經》作為故事背景，以《創世記》中的滅世大洪水作為神話的開端。

尷尬的是，《入侵記》中的第一批入侵者的首領畢思（Bith）並不是《聖經》裡的人物，修士們宣稱他是諾亞之子，在大洪水到來前卻被父親拒發船票。愁苦的畢思正在沮喪自己出身不夠純正，他的女兒塞塞爾（Cessair）建議父親鑄造一座神像來獲取神靈的啟示。

畢思從善如流，立即塑造神像開始祈禱，結果得到了神像的啟示：立刻修建一座大船逃避大洪水！但神像法力不如上帝，沒能告訴畢思大洪水將於何時發生。時間緊迫，畢思趕造出一艘大船，他帶上拉德拉（Ladra）、芬恩（Fintán）兩個男人，以及包括塞塞爾在內的五十一名女子一起登船遠去。

這一走就是七年，畢思抵達了愛爾蘭島。登陸以後三個男人分了土地和女子，其中芬恩娶了塞塞爾，畢思不久後去世，拉德拉因為縱欲過度也駕鶴西去。就在這時，大洪水來臨了——早知如此大家就不下船了……

毀天滅地的大洪水捲走了愛爾蘭島上的一切，只剩下芬恩一個人倖免於難。他先後化身為魚、鷹和獵犬，度過了漫長孤寂的整整五千五百年。

又過三百年，芬恩的遠親帕索隆（Partholón）率領第二批入侵者抵達愛爾蘭。帕索隆是諾亞之子雅弗（Japheth）的後裔，他是個弒殺雙親、篡奪王位的罪犯，但是國人挫敗了他的陰謀，帕索隆只得帶著四十八個親信一路逃到愛爾蘭島避難。

帕索隆登陸時的愛爾蘭是只有三個湖泊、九條河流和一片平原的空曠之地，這幫逃亡者在此定居下來，生兒育女，開始繁衍。帕索隆和他的後代將畜牧業和農業引入愛爾蘭，還引入了建築房屋和釀酒的方法。在這第二波入侵者主宰島嶼期間，愛爾蘭島也因為各種神奇的原因，大大豐富了地形地貌。例如帕索隆之子魯利被埋葬時，大地忽然迸裂出一個湖泊，於是這個湖泊就被命名為魯利湖。

帕索隆將愛爾蘭劃分為五個省：西南部是芒斯特省，西部是康諾特省，東部是倫斯特省，北部是阿爾斯特省，中央則是作為國王直轄領地的米斯，意為「中心」。米斯一直存在到十二世紀英格蘭人入侵。

帕索隆雖然在愛爾蘭當上了山大王，可他的日子並不太平。一支名叫佛摩爾族（Fomorians）的巨人部落頻繁騷擾愛爾蘭的殖民者，這幫傢伙也是諾亞一系，他們是諾亞之子含的後裔——在凱爾特神話中巨人出現得很頻繁，很多時候「巨人」是一種中性詞彙，用以暗示某人擁有的神靈背景，以及他擁有過人的技能和魔力等等。

根據猶太人的傳說，諾亞喝多了葡萄酒後在帳篷裡赤身裸體呼呼大睡，含的兒子迦南見到後就跑去告訴父親，含又去告訴了自己的兩個兄弟，閃和雅弗。閃和雅弗拿著衣服倒退著走進帳篷為父親披上遮羞，以免見到父親的裸體讓他丟醜。諾亞酒醒後惱羞成怒地詛咒含，本來《聖經》上說詛咒語是「迦南當受咒詛，必給他弟兄作奴僕的奴僕」，但是《入侵記》的作者編造出含的後裔變成怪物的情節：在不同的版本中佛摩爾族人或者是獨臂獨腿獨眼，或者是三個頭三排牙沒關節，他們胃口極大，一次就能吃下一頭牛和一頭豬。

這些殘障人士大受歧視，不僅被排除在入侵愛爾蘭的殖民者名單之外，還被描述為崇尚暴力的邪惡生物。佛摩爾之王是能通過前額的巨大魔眼釋放閃電的邪神巴羅爾（Balor），為避免無謂的破壞，平時巴羅爾並不睜開魔眼，但如果情勢危急，他就會讓手下撐開自己的眼皮——因為這眼皮太過沉重，靠他自己的力量無法自行睜開。

這幫佛摩爾巨人為了爭奪愛爾蘭的控制權與帕索隆打得天昏地暗，幾經周折後還是帕索隆占了上風，佛摩爾族人被驅逐到多尼格爾海岸邊的托里島上。雖然帕索隆贏得了戰爭的勝利，但是一場突如其來的大瘟疫橫掃愛爾蘭，他的人民全部死於非命，一代文明就此毀滅了。

鮭魚在愛爾蘭神話中是智慧的象徵

在愛爾蘭的編年史上，大瘟疫定期爆發，清理起老角色來效率非凡，簡直是作者故事編不下去時的大殺器。這場瘟疫過後，帕索隆手下的人民中只有一條漏網之魚：他的侄兒圖安（Tuan）僥倖生存下來。

可憐的圖安在無人的愛爾蘭島上流浪了二十二年，逐漸變得老朽不堪後，他嘗試將自己變成牡鹿、公豬和鷹，最後變成了一條鮭魚——這說明芬恩和圖安這兩個人物源自同一個傳說。

經過很多年之後，圖安變成的鮭魚被一位愛爾蘭女王捕捉並吃掉，於是圖安轉世成她的兒子。這孩子一出生就能背誦出從帕索隆開始的愛爾蘭歷史，從此後，在愛爾蘭，鮭魚成為智慧的象徵。

第三波入侵者是圖安的堂兄奈米德（Nemed）率領的殖民者，奈米德比帕索隆晚到了三十年，他本來率領著三十二條船組成的船隊向愛爾蘭進發，經過十八個月的海上迷航之後，只有奈米德及其手下的四男四女在內的九個人成功登陸愛爾蘭。雖然人數少了點，但生育能力超強，後來他們的後代膨脹到八千零六十人之多。

奈米德面臨的最大威脅，自然還是那些佛摩爾族的殘障人士，他先後三次擊退了佛摩爾族的入侵，可他死後敵人立即捲土重來。被激怒的奈米德的子民，採用狹路相逢勇者勝的戰術思路，直接進攻佛摩爾族的大本營托里島，擊殺了佛摩爾之王。但此戰後，這幫人也只剩下三十名倖存者。倖存者們絕望地離開愛爾蘭四散而去，有的去不列顛，有的去尋找「世界北部的島嶼」，有的返回故鄉希臘。回到希臘的倖存者們發現那裡並不是溫暖的避難所，色雷斯人將他們當作奴隸，稱他們為福爾博族（Fir Bolg），也就是口袋人。這個怪名字由他們用口袋將色雷斯山谷中的沃土運往多石山區的舉動而來。這些被迫為奴者的後裔，用口袋製成柯拉科爾小艇逃出色雷斯，一路航行，重返愛爾蘭。

在《入侵記》中所提及的殖民民族中，只有蓋爾人和福爾博族才是真實存在的民族。福爾博族是凱爾特人抵達愛爾蘭之前的土著民族，崇拜名為比爾奇的神靈。這些福爾博族中沒有半人半神的英雄，命運坎坷，這才是真實的人的遭遇。

接下來抵達愛爾蘭的，就是第一章中提到過的圖阿薩・代・達南族了，所謂的「圖阿薩・代・達南」，其本義為「達努女神之民」，帶有明顯的古代凱爾特神靈崇拜的痕跡，所以編撰編年史的修士們，將原始傳說中達南族的神性大為降低，改為一個擁有神奇人物和神聖力量的人類部落。

在關於達南族的傳說中，詩人奧格瑪（Ogma）創造了愛爾蘭的歐甘字母（Ogham），醫生迪安克特（Dian Cécht）能夠使人起死回生，鐵匠哥布紐（Goibhniu）打造的弓箭百發百中，更別提達南族中的烏鴉女神摩莉甘（Morrigán）和守護愛爾蘭海域的曼納南了！

達南族的國王是努阿達（Nuada），他是因為在達南族中相貌最美、身材最好而被選為國王的。此外，控制達南族部落的酋長名叫達格達（Daghda），或者乾脆就叫善神，他的巨棒一頭能殺人，一頭能讓人復活。

達南族人擁有驚人的魔力，其行為卻又充滿了人的弱點。他們彼此之間會爭吵會和好，會相互殘殺，又會對罪行進行懺悔；他們酗酒、通姦，但又多才多藝；他們遵從德魯伊的教誨……這分明就是凱爾特部落日常生活的寫照！

在編年史中，達南族的祖先是當初前往世界北部島嶼的奈米德人子民。他們接受了四個神奇城市的禮物饋贈：法利亞斯（Falias）贈給他們通過叫聲確認愛爾蘭王合法性的司命之石，格利亞斯（Gorias）贈給他們隱形神劍，菲尼亞斯（Findias）贈給他們神矛，穆利亞斯（Murias）贈給他們有取之不竭食物的神鍋。達南族人取得寶物之後就駕著祥雲飛向愛爾蘭，在康諾特省西部降落。

達南族人與福爾博族因為平分愛爾蘭的問題兵戎相見，戰爭爆發之前，雙方用了三個月的時間來仿效對方的得意兵器：達南族人看上了福爾博族的重型長矛，福爾博族也相中了達南族輕盈的標槍。

仲夏季節，慘烈的戰爭在莫伊圖爾平原正式爆發。雙方戰鬥了三天，不分勝負。到第四天，達南族人發現福爾博王前往水源飲水，於是追上並殺死了他。此時努阿達立即提出建議：停火和談。失去首領的福爾博族只好接受條件：退往康諾特省生活。但是努阿達也為勝利付出了代價：他在戰爭中失去了一條手臂，於是立即被那些只注重外貌的同胞們罷免了國王之位……

統治愛爾蘭的達南族選出美男子布雷斯（Bres）作為新國王，但他們不知道這位布雷斯身上流著佛摩爾族的血液。新王登基之後立刻表現出愛爾蘭人最為不齒的卑鄙下流、貪婪吝嗇的人格，他引來佛摩爾族作為外援，害得達南族人淪為奴隸，連酋長達格達都被迫為布雷斯做苦力去挖掘壕溝。

在愛爾蘭人的觀念中，一個國家的君主在生理或性格上是否完美，直接關係到國家的前途命運。在布雷斯的統治下，愛爾蘭迅速走向衰敗。於是忍無可忍的吟遊詩人考爾布利（Coirpre mac Etíne）寫了一首諷刺詩來咒罵國王，愛爾蘭人相信諷刺詩擁有與咒符一樣的魔力，而布雷斯果然因為詩中那些充滿魔性的尖利語句而長出滿臉癤子——按照傳統，他也被迫退位。

不甘失敗的布雷斯跑到托里島與佛摩爾之王、邪神巴羅爾密謀，打算捲土重來。而巴羅爾此時卻因為另一樁事情而苦惱：一位德魯伊教士曾預言他會死在自己的孫子手中，為此他將獨生女艾斯尼（Ethlinn）囚禁起來。但是一個叫西昂（Cian）的達南族人，為了報復巴羅爾偷走自己的神牛而來到托里島上，他在女巫碧珞（Birog）

達南族人與福爾博族的曠世之戰

的德魯伊魔法幫助下找到了艾斯尼——你偷我的牛，我偷你的女兒！

雖然巴羅爾安排了十二名女僕日夜不停地監視艾斯尼，但碧珞的魔法讓大家都墜入了夢鄉——於是西昂得手了。不久後艾斯尼生下了三胞胎，狂怒的巴羅爾下令將嬰兒全部溺死，卻偏偏其中一個男嬰被海浪沖到了達南族的領地。於是經由碧珞之手，孩子被送到西昂身邊養育長大。

還有一個版本的傳說認為，掉入海中的孩子被達南族的海神曼納南收養，曼納南送給自己的養子很多禮物，例如一旦騎上就絕對不會掉下、並且能夠在海上奔跑的魔法白馬、在海上陸地上都能夠行駛的魔法帆船、能夠在戰場上化為火球擊打敵人的魔犬、巧舌如簧的烏鴉、就算是被吃掉也能復活的魔法豬等等，其中威力最大的是魔槍神光戟和魔劍奪魂劍。

而另一方面，達南族的醫生迪安克特為退位的努阿達安裝了一條銀手臂，這位前國王對自己的假肢並不滿意。醫生的兒子米阿奇（Miach）聽到努阿達的抱怨後，施展過人的才華，讓這位獨臂人重新長出了新的手臂，並因此而重登王位。但可憐的米阿奇還沒來得及得意，就被因嫉妒而抓狂的父親給殺死了……

努阿達雖然恢復了完美的外貌，卻沒法讓達南族的軍隊擊退巴羅爾的巨人軍團。這時神奇的魯格（Lugh）出現在國王面前，毛遂自薦，表示自己可以召集軍隊擊退佛摩爾族的入侵者。這位魯格的原型是凱爾特神話中的光明之神盧古斯（Lugus），長著一副宛如落日般燦爛的面孔，令人無法直視。魯格的多才多藝簡直到了令人髮指的地步：他是完美的豎琴手、吟遊詩人、木匠、巫師、管家和勇士。他召集起達南族的軍隊，鼓舞大家的士氣，讓這些曾經為奴的人們，有勇氣在當年他們戰勝福爾博族的莫伊圖爾與佛摩爾族大軍對峙。

決戰開始了，達南族人在佛摩爾巨人的猛攻下傷亡慘重。巴羅爾的魔眼橫掃千軍，他操縱飛龍咬死了英俊的努阿達，連達格達也被巴羅爾妻子擲出的長矛刺成重傷。等到魯格與巴羅爾碰面時，這位無所不能的勇士在佛摩爾人撐開魔眼眼皮的一瞬間，投出神光戟，將巴羅爾的魔眼從前額打到腦後，毀滅性的閃電將巴羅爾身後的佛摩爾人大軍掃蕩得一乾二淨——魯格正是巴羅爾那個被海浪沖到達南族領地的外孫！

魔眼邪神死了，殘存的佛摩爾人被逐入大海，再也沒能回來禍害愛爾蘭。魯格成為達南族的新國王，大地回春，萬物復甦，愛爾蘭重歸繁榮昌盛。達南族的統治持續了很久，直到第五批米列族（Milesian）入侵者到來——蓋爾人的祖先終於登場了！米列族即傳說中的神話領袖米爾·埃斯帕納（Mil Espáine）的子民，按照羅馬人的語言、拉丁語發音就是「西班牙戰士」。

米列族來愛爾蘭的原因有兩個，一是因為米爾的祖父伊思曾駕船前往愛爾蘭，結果他和手下都被愛爾蘭人殺死；二是米爾聽從了德魯伊教士的預言，認為愛爾蘭島才是米列族的歸宿。

米爾死在遠航途中，他的妻子斯科塔（Scota）與八個兒子在博因河口登陸，踏上愛爾蘭的土地。在後來的傳說中，這位斯科塔夫人就是所有蓋爾人的祖先。米列族在米爾長子埃默津的指揮下向達南族的領地進軍，這位德魯伊教士一路抵達愛爾蘭的心臟塔拉，並要求達南族人交出土地。

此時的達南族首領是達格達的三個孫子與他們的妻子——三女神芭邦（Banbha）、芙拉（Fodla）和埃柳（Eiru），當米列族入侵時，這三家人正在為如何瓜分愛爾蘭這份家產而爭論不休。一場大戰下來，三個不肖的孫子全都戰死，戰敗的達南族人被迫與米列族達成協議：愛爾蘭的凡塵世界全歸米列族，達南族前往他方世界（也就是冥界）居住。隨著達南族四散前往屬於自己的仙堡或仙塚居住，愛爾蘭的漫長神話入侵史也隨之畫上了句號。

2 奪牛長征記

愛爾蘭的《阿爾斯特故事》與《神話故事》不同，它所描述的英雄故事，將神話與傳奇合而為一。在這個故事所描述的年代中，愛爾蘭還是一個四分五裂的島嶼，阿爾斯特王國和康諾特王國之間的衝突成為串起整個故事的主要線索。

《阿爾斯特故事》中的凱爾特人似乎仍處在母系社會階段，女子的社會地位和權力超越了男性。在整個故事中，最耀眼的角色無疑是號稱「永遠的貴婦人」的梅芙女王（Medb），這位康諾特王國的統治者毫不掩飾自己的欲望，她與眾多的國王、勇士訂婚、結婚，又與許多情人保持肉體關係。

撰寫故事的修士們在名義上將梅芙等人算作了基督徒，但是整個故事體現的，卻是徹底的凱爾特價值觀和生活方式。在梅芙等人的行事方式上見不到一丁點兒基督教文化的薰陶，反而充斥著蠻族的放蕩不羈和血腥瘋狂。

這些神話傳說中充斥著關於性愛、殺戮的描寫，甚至興致勃勃地描述英雄的排泄問題。要是現代社會的出版品也如此描述，恐怕早就被列為禁書。但在魯莽坦率的蠻族文化中，這就是他們生活的真實寫照。

正是由於她企圖奪取阿爾斯特王國最好的公牛，才引起了整個故事中最激烈的一場戰爭，這就是《奪牛長征記》（*The Cattle Raid of Cooley*）的故事。

愛爾蘭所發行歐元鈔票上的梅芙女王

根據愛爾蘭神話，《奪牛長征記》的作者是阿爾斯特國王弗格斯·麥洛伊（Ferghus Mac Roich），這位弗格斯是擁有七個常人力量的巨人，一次能吃下七頭鹿、七頭豬、七頭牛，喝下七桶酒，每晚需要七個女人來滿足他狂暴的欲火。弗格斯雖然不缺女人，卻一直渴望得到自己的寡嫂內絲（Ness）。本來內絲死了丈夫，自然可以再嫁，但既然求婚者是國王，她就提出一個條件：讓她的兒子康勃爾．麥內絲（Conchobar mac Nessa）當一年的阿爾斯特國王再說。愛美人不愛江山的弗格斯一聽立刻同意，於是康勃爾便坐上了阿爾斯特的王座。

弗格斯

一年到期後，按理說弗格斯應該復位了，沒想到阿爾斯特的老百姓跳出來反對，大家說康勃爾治理國家比你這個酒囊飯袋強得多，你還是繼續帶著你的女人遊山玩水打獵去吧！弗格斯一聽，竟然直接放棄王位去打獵了，對他而言打獵比治理國家有趣得多！

康勃爾治理國家的確很有一套，阿爾斯特在他手裡變得兵強馬壯，紅色精英團和少年團的勇士構成了王室軍隊的中堅力量。統領全軍的柯拿切納（Conall Cernach）和庫胡林是勇冠三軍的英雄，他倆都是大德魯伊卡斯瓦斯的孫子。

看起來康勃爾風光無限江山無憂，但阿爾斯特卻是一個受到女神詛咒的國度。原來女神瑪查（Macha）曾化身凡人與阿爾斯特人克朗魯齊（Cruinniuc）結婚，按說愛爾蘭的女神嫁凡人的不勝枚舉，瑪查當年也曾嫁給過第三波入侵者的領袖奈米德，這次婚姻不過是女神下凡的又一次遊戲罷了。沒想到當瑪查身懷六甲，即將臨盆時，她的大嘴巴老公跑到康勃爾面前誇耀說，自己的老婆跑得比阿爾斯特最棒的駿馬還快。康勃爾一聽，立即下令要瑪查來與自己的賽馬比賽，雖然瑪查一再懇求等自己分娩後再比賽，但康勃爾就是不依。無奈之下女神只好參加比賽，她在越過終點獲勝的一刻產下了一對雙胞胎，自己則因難產而死。臨終前，瑪查憤怒地詛咒阿爾斯特的所有男人在國家受到入侵時都會像孕婦臨盆，經受五天五夜的劇痛折磨！

雪上加霜的是，康勃爾又為了得到一個女人而禍害忠良，逼反了讓位給自己的叔叔弗格斯。原來康勃爾的說書人費里米德（Fedlimid）生了一個女兒叫荻德麗（Deirdre），有位德魯伊教士預言這女孩將會成為阿爾斯特最美的女子，但她將會害得國內的勇士都丟了性命。此言一出，大家紛紛說這個紅顏禍水還是趕緊弄死算了，但康勃爾卻垂涎於荻德麗將來的美色，將她祕密撫養長大。

荻德麗長大以後愛上了美少年諾伊修（Naoise），兩人私奔到蘇格蘭生活，諾伊修的兩個兄弟也為了保護這對情人而一同前往。康勃爾聞訊大怒，打算將荻德麗誘騙回愛爾蘭，就虛情假意地與諾伊修兄弟講和。諾伊修表示，只有國王的叔叔弗格斯隨行保證他們安全才願意回國，康勃爾同意了。

康勃爾一邊吩咐諾伊修和荻德麗回國，一邊藉故拖延弗格斯起程。諾伊修一行進入康勃爾的勢力範圍後，立即遭到康勃爾親信尤格汗的襲擊，混戰中諾伊修兄弟全部遇害不說，康勃爾的人還把弗格斯之子菲阿查（Fiacha）也殺了。

弗格斯雖然是個不稱職的混帳國王，卻是個重視名譽的戰士和愛孩子的父親，他一怒之下率領手下三千勇士叛離阿爾斯特，投靠了鄰國康諾特王國的梅芙女王。搶到荻德麗的康勃爾沒得意多久，荻德麗和他生活了一年多後，在一次出遊時從四輪馬車上跳下撞石自盡，而這血光也預示著一場巨大的戰亂揭開了序幕……

現在我們來說說梅芙女王，方才我們已經介紹過這位愛爾蘭女神的作風。她決定下嫁給康諾特王並不是出於愛情，而是因為康諾特王艾利爾（Ailill）花錢大方，並且對自己老婆的外遇持不聞不問的態度。奪牛記風波的起因就在於對財富的爭論上：某一天，康諾特國王、王后兩個人躺在床上聊天時，開始討論誰更有錢的話題。爭來爭去，艾利爾指出自己擁有一頭天神賜給愛爾蘭的白色公牛芬本納赫（Finnbhennach），終於壓制住了自己老婆的囂張氣焰。

梅芙對比闊失敗耿耿於懷，她聽說天神賜予愛爾蘭的神牛有兩頭，除了芬本納赫以外還有一頭棕色的公牛庫萊（Donn Cuailnge）在阿爾斯特王國，於是就派使者去找神牛的主人，希望能借用一年。沒想到主人很不給面子，拒絕了，於是梅芙就召集自己的盟國，組建了一支大軍進攻阿爾斯特奪取神牛。

而此時投靠梅芙的弗格斯也成為女王的情人之一，他奉命率領軍隊進攻自己的祖國。雖然梅芙獲悉阿爾斯特勇士所受的詛咒後，認為勝利唾手可得，但弗格斯卻心中忐忑，因為他知道在所有的阿爾斯特勇士中，有一個是不受女神瑪查詛咒影響的，那就是他的朋友庫胡林。

庫胡林的母親黛克泰爾（Deichtir）是大德魯伊卡斯瓦斯的女兒，少女時代的黛克泰爾在博因河畔狩獵時感應到達南族之王魯格所托之夢，從而生下了這個擁有神靈血脈的勇士，所以他不會受到女神詛咒的影響。

庫胡林是個綽號，他的真名是謝丹達。只因謝丹達在七歲時就殺死了鐵匠丘林家兇狠的看門狗，所以他承諾在鐵匠重新找到一條狗之前代行看門職責，於是大家都叫他庫胡林，也就是蓋爾語中「丘林的英雄狗」之義。

少年時代的庫胡林師從蘇格蘭女勇士斯卡塔赫（Scáthach），並得到了名為「蓋伊・博爾格」（Gae Bolg）的神矛，這支長矛刺中人體後，會射出三十只飛鏢在敵人體內亂竄，頃刻間便能要人性命。

成年後的庫胡林是位嗜血如命的戰士，只要開始戰鬥，他的身體會變形成令人恐懼的模樣：「一隻眼凹陷下去，另一隻則異常外凸；血盆大口，嘴咧至耳根；頭變得異常巨大，帶著怪光，令人毛骨悚然，頭髮豎立，硬如豬鬃。」還有一種說法是庫胡林雙手雙腳都各有七根指頭，雙眼裡各有七個瞳孔。總之這個戰士一旦暴怒起來任誰也無法約束。

當康諾特的軍隊抵達阿爾斯特邊境時，庫胡林果然單槍匹馬擋在他們面前。這位英雄僅用一條手臂和一隻眼睛就將橡樹扭成了一個木環，他要求康諾特的勇士賭上自己的名譽也如法炮製一番，否則就不能繼續前進。

康諾特人當然無法做到這一點，可當他們企圖迂迴前進時，總能遇到庫胡林設置的類似挑戰。梅芙聞訊後失去耐心，她下令軍隊無視庫胡林直接前進——反正其他的阿爾斯特男子都在承受著分娩般的痛苦，個個都像玻璃人一般脆弱。

故事的發展就如同真實的前線故事一樣，士兵們小心翼翼維持的對峙局面，被中軍帳裡的一聲令下打個粉碎。康諾特的軍隊繼續前進，庫胡林被迫開始殺戮。開始是三個兩個的警告式殺戮，很快就變成不受控制的大殺特殺。暴怒的庫胡林變成嗜血的魔鬼，光是他那副猙獰的模樣，就把很多康諾特的勇士嚇死了。

眼看著成千上萬的人死在庫胡林的長矛之下，弗格斯不得不出面調停。他與庫胡林達成協議：庫胡林的屠殺和康諾特的進軍都放慢速度，條件是庫胡林每天與康諾特派出的一位勇士決鬥。戰鬥期間康諾特人可以進軍，決鬥結束他們就停止前進。這等於是拿一條人命換取一小段進軍時間，但梅芙覺得挺划算。她宣稱一天死一個總好過一天死一百個，按照這位女王的小算盤，即使找不到可以打敗庫胡林的人，那麼靠車輪戰也能將他累垮。

一開始還是頗有些勇士打算去挑戰庫胡林的，可是隨著他們一個接一個地死去，炮灰們也不敢向前衝了。梅芙女王只好不斷懸賞加碼：王室財產、高官厚祿，甚至包括女王自己「友好的大腿」，但最後這一切獎賞都告失效，因為大家不是瞎子，誰都知道梅芙開出的價錢是有命賺沒命花的。最後梅芙用詭計欺騙弗格斯出面與庫胡林決鬥，但這對朋友是發過誓絕不自相殘殺的。無可奈何之下，庫胡林只好詐敗逃走，讓弗格斯欠下他天大的人情。最後成全了梅芙的，是偉大的鬥士納齊蘭特爾，雖然他和前面的挑戰者一樣命歸黃泉，但為梅芙贏得足夠的時間發動閃電戰奪得了棕牛庫萊。

按說目的達到應該撤軍了，但梅芙繼續派遣勇士去挑戰庫胡林。這個女人受不了無法擊敗庫胡林的挫折感，為此找到了庫胡林的同門師弟弗迪亞（Fer Diad）。不願同門相殘的弗迪亞幾次拒絕了梅芙的邀請，於是梅芙把自己美麗無比的女兒芬達布爾（Findabair）當作籌碼，但弗迪亞依舊猶豫不決。最後梅芙使出激將法，她告訴弗迪亞自己準備了一打吟遊詩人，他們會將某人不敢挑戰庫胡林的膽小鬼故事傳遍整個愛爾蘭。

這下弗迪亞不得不出馬了，他寫信給師兄，二人約在佛德小溪旁進行決鬥。這兩位英雄之間的戰鬥持續了四天，頭兩天惺惺相惜，白天搏鬥，晚上共進晚餐，彼此療傷，誰都不肯使出全力。到了第三天，雙方的耐心逐漸消磨殆盡，同門切磋變成了真正的殊死搏鬥，這天結束戰鬥以後，他們再沒有走到一起去療傷，也沒有了友好的暗示。到了最後一天，兩人都知道到了最後時刻。弗迪亞穿上了自己特有的武裝：帶有絲綢的上衣，外頭盔。他將自己保護得嚴嚴實實，因為他害怕庫胡林會用神矛刺中自己的腹部。開始戰鬥後弗迪亞占了上風，但庫胡林隨即狂暴起來，兩人互相揪扯著在地上翻滾。弗迪亞用尖刀刺穿了庫胡林的身體，但庫胡林也用神矛給了弗迪亞致命一擊。在彌留之時，弗迪亞請求庫胡林將自己安葬在溪流那頭。於是傷痕累累的庫胡林抱著弗迪亞蹚過溪流，安葬了他的敵人和曾經的朋友。

完成這一切後，庫胡林也倒在地上，再也無法戰鬥。但就在此時，更大規模的殺戮開始了：女神施加的詛咒已經被破除，阿爾斯特的勇士們集結起來，趕赴加拉齊平原與梅芙的軍隊展開決戰。每一個人，不管他願不願意，都註定要投入這個巨大的絞肉機中。

弗格斯對自己故國的同胞們大開殺戒，他麾下的康諾特勇士們佔據了上風。很快弗格斯抓住了屠殺他全族的罪魁禍首康勃爾。康勃爾的王子們再三祈求弗格斯的慈悲和寬恕，最後弗格斯用劍削平了附近的三座山峰以洩恨。

戰場上的喧囂和哀號傳入庫胡林的耳中，當得知是弗格斯在瘋狂殺戮時，他強撐著來到戰場上，要求朋友償還自己的人情。弗格斯遵守承諾，率部下離開戰場，這下梅芙女王只剩下自己的人馬，立刻顯露敗象。梅芙手下的勇士在庫胡林的威名之下四散潰逃，她本人僅僅是因為庫胡林不屑於殺她才倖免於難。

就在人類互相廝殺時，兩頭神牛也展開了搏鬥。被送到康諾特的棕色公牛庫萊一抵達就發出三聲挑戰的嗥叫，接著便立刻向白色公牛芬本納赫發起挑戰，兩頭神牛之間殺得天昏地暗，足跡踏遍了整個愛爾蘭，到了第二天白牛倒下了。庫萊得意揚揚地返回阿爾斯特，一路上盡情拋撒對手的血肉。可當牠抵達阿爾斯特邊界時，也因為氣力衰竭而死。梅芙失魂落魄地返回康諾特，她用一句話總結整場戰爭：「現在我們只剩下恥辱和混亂。」

奪牛記的故事結束了，但主角們的命運並沒有擺脫悲劇的漩渦。

七年後，梅芙女王捲土重來，再度襲擊阿爾斯特王國，這次她請來六位巫師對付庫胡林。而此時的庫胡林因為拒絕了烏鴉女神摩莉甘的示愛而遭到報復：當時身穿紅衣的女神駕駛著一輛紅色的戰車出現在英雄面前，宣稱她可以帶給庫胡林勝利，希望能得到對方的愛作為報答。但庫胡林魯莽地斷言自己作戰不需要別人的幫助，尤其是女人。

庫胡林對女神魅力的蔑視為自己帶來了滅頂之災，連其父光之神魯格也無法拯救他。因愛生恨的女戰神詭計百出地報復庫胡林，令庫胡林墜入巫師的陷阱。

垂死的庫胡林

因為庫胡林曾發過三個誓言：不吃狗肉，不拒絕地位低的人的食物，不拒絕吟遊詩人的要求。現在他的敵人利用這些誓言來要他的命了：在庫胡林趕往戰場的路上，巫師扮作燒肉的老婦人向英雄獻上食物。庫胡林被迫接過老婦人獻上的狗肉吃下去，立刻失去了力量。這時被收買的吟遊詩人里奧等人要求庫胡林交出自己的神矛，庫胡林被逼上絕路，只好交出武器任人宰割。里奧等三人用神矛先後殺死了庫胡林的車夫和愛馬，最後刺穿了庫胡林的身軀。庫胡林要求喝點水再死，里奧答應了。庫胡林用水洗淨自己的內臟塞回體內，又將自己綁在石柱上站立而死。整整三天，沒有一個敵人敢靠近庫胡林的屍體，直到變作烏鴉的摩莉甘落在他肩上，狂喜地宣告英雄已經去世。

庫胡林死去後，他的朋友康勃爾繼續與敵人血戰，吟遊詩人里奧和康諾特的國王艾利爾先後被殺。

弗格斯因為遵守對庫胡林的諾言在敵陣前逃亡而聲名掃地，再加上他在一次仙境冒險時，身體受到一隻名叫「大河之馬」的怪物的摧殘，因而變得十分難看，因此這位英雄淪為人們恥笑的物件。後來弗格斯在臨終前重回仙境，手持寶劍在波浪中與大河之馬奮勇廝殺。日出時，人們看到了手持怪物首級的弗格斯，他的面容和過去一樣英俊。弗格斯看著自己的祖國阿爾斯特，向人們大喊：「我贏了，我來自阿爾斯特！」說完便消失在湖水中。

又過了若干年後，康勃爾的兒子弗拜（Furbaide）潛伏到了加洛爾湖畔，在梅芙女王來這裡洗澡時將其暗殺。

3 芬尼亞故事

芬恩．麥庫爾（Finn mac Cumbail）是愛爾蘭神話中最為著名的英雄，《芬尼亞故事》就是以芬恩和他率領的芬尼亞勇士團的探險經歷為線索展開的。在愛爾蘭傳說中，芬尼亞勇士團組建於西元三世紀左右，他們保衛愛爾蘭和蘇格蘭，維護公正和秩序。在芬恩出現之前，芬尼亞勇士團原本是一群亂糟糟的綠林好漢。芬恩出現後把「勇士的榮譽和正義」定義為行為準則，於是這群粗魯的凱爾特戰士變成了遊俠英雄。

傳說芬恩的母親莫爾娜（Muirne）擁有達南族和佛摩爾族的雙重血統，她的祖先分別是達南族國王努阿達和魔眼邪神巴羅爾。芬恩的父親麥庫爾則是芬尼亞勇士團的首領，他率領愛爾蘭最優秀的勇士為保衛愛爾蘭而戰。在麥庫爾的領導下，芬尼亞勇士團曾經擊敗了「偉大世界最高國王」所率領的入侵者。

芬恩出生不久，麥庫爾就被覬覦勇士團領袖地位的莫納家族（Morna）的戈爾等人殺害。莫爾娜強忍悲痛，帶著幼子逃到斯維利．布魯姆森林避難。在那裡芬恩化名為丹納（Deimne），被交給兩位養母撫養，她們是德魯伊女教士博多摩爾和她妹妹麗雅絲．露其拉。

在養母的教導下，芬恩學會了一個愛爾蘭勇士應有的全部技能。他游泳快似魚，跳躍如豹子，奔跑賽過鹿，狩獵猛如獅——總之在愛爾蘭神話裡，一位傳奇英雄必定是全能選手。等到七歲時，芬恩獲得了命中註定的最強大力量，那就是智慧。

當時芬恩正跟隨一位德魯伊教士芬尼格斯（Finn Eces）學習詩歌，芬尼格斯因為被預言將釣起一條充滿智慧的鮭魚，所以在博因河口努力了七年。這條鮭魚吞下了充滿大智慧的榛果，所以第一個吃下牠的人將成為無所不知的智者。

當芬恩來到自己的老師身邊時，這位垂釣七年的德魯伊一下子就釣上了鮭魚。興奮的芬尼格斯讓自己的小學徒去燒魚，還提醒他千萬不能吃一丁點兒魚，因為第一個吃魚的人將獲得魔力。

芬恩認真按照吩咐去燒魚，但他不小心燙到了手，連忙把拇指放進嘴裡吸吮止痛，卻因此吃到了粘在上面的魚皮。這下他得到了命中註定的智慧力量，日後每當他想要使用自己的智慧時，只要把拇指放進嘴裡吸吮即可。

在森林裡時芬恩並不知道自己的身世，直到他長成一個金髮的巨人少年開始四處闖蕩時，才從母親的第二任丈夫克里國王那裡知道自己所背負的國仇家恨。

長大後的芬恩來到塔拉，向愛爾蘭國王科馬克・麥阿特（Cormac mac Airt）效忠。在愛爾蘭神話中的愛爾蘭國王，或者至尊王指的是整個愛爾蘭名義上的共主，他與各個省分的國王之間的關係，類似中國春秋時期的周天子與各路諸侯。

當時正值薩溫節前夕，達南族的各路人馬正要從各自的仙堡、仙塚等他方世界跑到人間來狂歡慶祝。在過去九年裡，一個叫艾倫的達南族人持之以恆地找塔拉居民的麻煩。他先用魔笛和豎琴奏響催眠曲，等到大家進入夢鄉後就口吐火焰，將整個塔拉燒成灰燼。

眼看又到了艾倫來臨的日子，誰都不喜歡在夢中被燒烤不是？著急的科馬克詢問手下諸位愛卿，哪位有辦法治治艾倫那老小子？

芬恩一看機會來了，立刻挺身而出：我替大王去巡山！不過，事成之後請陛下滿足我的一個要求。科馬克同意了，他派出侍從菲阿查協助這位年輕人。菲阿查是芬恩父親的故交，他將一支百發百中的神矛交給芬恩，告訴他只要把矛頭頂在前額就不會受到艾倫音樂的蠱惑。

到了晚上艾倫出現了，他彈起豎琴，吹響風笛，塔拉的守衛們都墜入夢鄉。可芬恩仰仗神矛的保護絲毫不受影響。當艾倫開始噴吐火焰時，芬恩用盾牌和斗篷接住，將火焰全都送進泥土裡。艾倫知道遇到對付不了的敵人了，他一轉身拔腿就往自己的仙塚裡跑，因為凡人無法進入他方世界，他只要跑回去就安全了。

可不管他跑得多快，都無法甩開在魔法森林裡進修過田徑的芬恩。就在他抵達仙塚門口時，芬恩用神矛擊中了他，其力量之大使得艾倫的心臟都從嘴裡蹦了出來。芬恩砍下艾倫的頭顱，帶回塔拉，掛在柱子上，旁邊再擺上艾倫的豎琴和風笛。日出時大家都醒來了，芬恩這位救世主受到萬眾歡迎。

現在科馬克必須滿足芬恩的要求了，芬恩提出要繼承自己父親的職務，去當芬尼亞勇士團的頭兒，而此時芬尼亞勇士團的首領正是芬恩的殺父仇人戈爾。戈爾是個識大體的男子漢，知道擋人前程更甚於殺人父母，於是他毫不猶豫地從領導位子上退了下來，結果兩人反倒成了好朋友……

隨著芬尼亞勇士團的新首領走馬上任，芬恩的時代正式開啟了！新任首領手下有兩萬名勇士，其中中高層幹部達七百五十名之多，剩下的底層員工每二十七人組成一個小隊行動。

進入勇士團的條件是苛刻的：你要能在快速奔跑的同時完成以下三項任務：先跳過一人高的樹棍，再鑽過齊膝高的樹棍，最後還要用一個指尖拔掉腳上的一根尖刺——這古愛爾蘭版的規則肯定能妥妥地淘汰所有的現代鐵人三項賽選手。

那些通過體能考核的好漢們，還必須遵守如下的誓言：不掠奪牲畜，不因為金錢而拒絕請求，即使面對十倍之敵也不言退縮，不為家庭成員報私仇。大家都保證為了勇士團的事業放棄自己的家庭，這種誓言有效地保證了勇士團內部的團結。

芬尼亞勇士團並不是一個功能單一的軍事團體，它的內部構成很完善，頗有點企業附屬機構意味：它除了擁有自己的吟遊詩人、醫生、樂手和五十名女裁縫外，還有凱爾特社會特有的德魯伊教士為大家服務。身為國家公務員，愛爾蘭人民用賦稅保證了勇士團成員都享有高薪厚祿。

芬恩並不是一個人在戰鬥，他擁有很多自然界和非自然界的親人朋友幫助。其中「小堅果」是個只有一二〇公分高的達南族吟遊詩人，對任何故事都過目不忘，彈奏的音樂更是美妙無比；布蘭（Bran）和西奧蘭（Sceolan）是芬恩的兩條獵犬和外甥——因為牠們是芬恩的姐姐被女神變成狗的時候生下的；母鹿薩德布（Sadhbh）被芬恩勇士團捕獲後，破除了邪惡的德魯伊魔法變回美麗的女子，她成為芬恩的妻子，可惜她最後還是被魔法變成鹿並失蹤了；薩德布為芬恩生下了名叫歐辛（意思是「小鹿」）的兒子，這孩子長大後成為與父親比肩的英雄，後來與來自他方世界的公主尼妮亞芙成婚；芬恩的孫子奧斯卡（Oscar）也是芬尼亞勇士團的英雄，他率領的隊伍號稱「可怕的掃帚」。

隨著芬尼亞勇士團頻繁的探險與狩獵，芬恩與他方世界的接觸也愈加頻繁。有一次他在倫斯特省打獵時，遇到一頭長角豬頭鹿身的怪獸，這怪獸身體兩側都有月亮標誌，身後還出現了一個神祕的紅衣女子。紅衣女子和怪獸將芬恩一行引入仙塚，達南族國王正在仙塚中召開盛大的宴會。

芬尼亞勇士團

怪獸在仙塚中發出男人的聲音，自誇奔跑速度天下無敵，於是大家都湧出仙塚互相追逐，最後布蘭贏了怪獸。此時紅衣女子宣佈，怪獸本是曾統治愛爾蘭的福爾博族之王，而他的死亡預示著愛爾蘭必將陷入動盪。

此時芬恩正逐漸衰老，越來越多的年輕人躍躍欲試，希望取代他的位置。這樣的危機感令芬恩性格中的那些黑暗面逐漸暴露出來，尤其是當他希望娶愛爾蘭國王的女兒格蘭妮（Gráinne）公主為妻時，一場糾紛終於爆發了。

就在芬恩與格蘭妮訂婚的宴會上，勇士團的一個勇士迪爾姆德（Diarmuid）出現在公主的視線裡。年輕的迪爾姆德並沒有什麼神靈血統，但他有個身為愛與青春之神的養父奧恩古斯。在他還是個孩子的時候，一位仙女用手指在他額頭上點了一下，於是他擁有了令所有女人都無法抵擋其魅力的「愛穴」。

格蘭妮對這位勇士一見鍾情，難以自拔。為了達到與迪爾姆德成婚的目的，格蘭妮在酒席上為賓客下了迷魂藥，然後向迪爾姆德發起了一個特殊的請求——禁制。禁制這個詞彙的發音是「蓋什」，它是凱爾特戰士們的神聖誓約，無論是自願發誓許下，或是他人用法術或誓言使他立下，基本上不可違背。在神話故事裡，它往往是英雄不為人知的禁忌或致命弱點。

禁制在愛爾蘭勇士行為準則裡是不可被拒絕的請求，否則他將名譽掃地。而公主向心上人提出的禁制非常簡明扼要：帶著我私奔！

迪爾姆德頗為尷尬，因為他本人對公主並沒有那種意思啊！可是身為一個勇士是不能拒絕別人提出的禁制的，如果拒絕他將失去名譽，但如果答應，他將必須面對自己忘年之交的怒火。最後迪爾姆德勉為其難地答應了公主的要求，但提出一個條件就是不做她的情人。

殺這對「姦夫淫婦」，這種瘋狂的報復行為竟然持續了十六年之久。芬恩派來的追兵包括海上三王者及三條毒犬、九名嘉汶勇士，甚至達南族女神玻德茉爾，但迪爾姆德是個出色的戰士，上述追兵全被他殺得一乾二淨。

這令芬恩愈加惱怒，更糟的是格蘭妮在逃亡途中成功收服了迪爾姆德的心，兩人實打實地過起了私奔的小日子……

最終芬恩將私奔者追殺到博因河口奧恩古斯神的住處，奧恩古斯以神靈的身分勸說他們講和，最終大家達成了調解意見：愛爾蘭國王將另一個公主嫁給芬恩，而迪爾姆德以格蘭妮丈夫的身分重返芬尼亞勇士團。

這場風波雖然過去了，但仇恨的火焰一直在芬恩心中燃燒。這位英雄策劃了一起不光彩的陰謀事件——捕捉出沒在斯萊戈郡本布林賓山上的大野豬，這頭野豬的身世非常特殊：牠本是迪爾姆德同母異父的弟弟，因為迪爾姆德的父親棟恩痛恨妻子偷情所生的這個孩子，於是在奧恩古斯舉辦的宴會上趁亂用腿夾死了他。

被殺死的孩子的生父來頭不小，他是奧恩古斯神的管家。喪子的管家獲悉真相後，用魔法讓兒子轉世為一頭沒有鬃毛、也沒有耳朵和尾巴的大野豬，並發出如下禁制：「我給予你禁制：你將引領迪爾姆德去往死亡之途；你自身的生命亦不能比他的更長。」

管家的禁制是一個很明顯的詛咒，接受禁制的野豬之後被稱為「斯利弗桂里昂的野豬」，牠是迪爾姆德命中註定的剋星。

芬恩邀請迪爾姆德來到本布林賓山捕獵野豬，直到他抵達後才將野豬的身世告訴了他。迪爾姆德知道自己在劫難逃，他看著眼前的芬恩，這位老人是他的家族長輩，是他尊敬的領袖，也曾是他的忘年之交。

「如果這就是我的歸宿，那就隨它吧！」迪爾姆德說完後就衝向野豬開始搏鬥，雖然他殺死了野豬，但野豬的獠牙也挑出了他的腸子。

倒在地上的迪爾姆德祈求芬恩的救援，因為芬恩有魔法，只要用手接水餵給迪爾姆德就能救活他。但芬恩無法克制心中的仇恨，連續接水三次送到迪爾姆德嘴邊，結果都讓它們順著指縫流光了。

迪爾姆德死了，芬恩所有的榮耀也隨之隕落，芬尼亞勇士團迅速變成了一個流氓無賴的集團，他們不滿足於愛爾蘭人民提供的俸祿，開始四處敲詐勒索，甚至連愛爾蘭國王嫁女兒時，都被芬尼亞勇士團要求從嫁妝中獲取巨額抽成！

愛爾蘭國王怒了，他召集全國的貴族到塔拉議事，公然宣稱寧願死在芬尼亞勇士團的劍下也不妥協！隨著國王號召，愛爾蘭人民團結起來推翻芬尼亞勇士團的壓迫，整個愛爾蘭陷入混亂之中。

曾殺害了芬恩父親的莫納家族再度站出來反對芬恩，他們投入愛爾蘭國王麾下對勇士團開戰，而芒斯特國王等人則支持勇士團。內戰的火焰席捲整個愛爾蘭，芬恩之孫奧斯卡殺死了愛爾蘭國王，但他也重傷而死，勇士團的成員一個接一個死在戰亂中，等到戰爭結束時，島上的男人基本上只剩下嬰兒和垂暮老人了……

據說戰後倖存的最後一個勇士團小隊曾來到塔拉，他們發現自己再也不能向百姓展現出力量和榮耀，人們當他們是空氣，沒人理睬他們，沒人在意他們。當他們意識到自己已經完全不被接受後，就來到塔拉的一處山坡上躺下，嘴唇緊貼著泥土死去。

至於芬恩的命運一直沒有定論，有的神話說他因為謀害迪爾姆德被勇士團罷黜，在企圖渡過博因河時淹死；有的神話則認為芬恩率領殘存的勇士團成員隱居山谷，他們在洞中長眠，等待著愛爾蘭人民的再度呼喚……

4 愛神與仙宮

仙宮這個詞語，並不是凱爾特神話所獨有的。在大多數蠻族的傳說中，都有類似的想像場景，例如北歐神話中，奧丁率領的亞瑟神族居住的神之國度就叫仙宮。

在愛爾蘭神話裡，仙宮則是他方世界的代稱，當凱爾特殖民者抵達愛爾蘭時，他們發現史前文化所留下的墳塚，並以他們的想像力將這些古墓與神靈聯繫起來。於是散佈在愛爾蘭鄉村中的那些古代墳墓，忽然成為通往他方世界的通道，每一座墳塋中都棲息著某位凱爾特神祇。

在米斯郡紐格蘭奇的史前墓穴群「布魯夫・納・博納」，興建於西元前五千兩百年，這座氣勢宏偉的通道墓穴用博因河畔的鵝卵石堆砌而成，一條狹窄的通道直抵中央墓室——愛爾蘭人認為這裡就是愛神奧恩古斯（Oenghus）的仙宮。

身為凱爾特文化的產物，在愛爾蘭神話中，愛情是永恆的主題之一，因為有愛存在，所以萬物和諧，茂盛興旺；也因為有愛的糾葛，所以燃起爭端，挑起禍亂。在神話中為萬眾愛情掌舵的，便是達格達與博因河女神波安（Boan）之子奧恩古斯。

奧恩古斯居住在「博因宮」中，據說當其養子迪爾姆德死於芬恩的陰謀之後，奧恩古斯將他的屍體帶回自己的仙宮，每當他想與迪爾姆德說話時，只需吹一口氣就能將靈魂注入養子的身體。

從迪爾姆德與格蘭妮的愛情故事中可以看出，愛神的職責就是保護相愛的戀人不受傷害。這位愛神不光保佑凡人，也保護相愛的神靈。奧恩古斯的哥哥米迪爾（Midhir）愛上了美麗的艾恬（Étain），可是他兇悍的妻子法拿哈（Fuammach）用魔法將勾引丈夫的狐狸精變成了一隻紅蒼蠅。鑒於嫂子的法術強大，也可能是因為協助哥哥出軌而心虛，奧恩古斯只破除了法拿哈一半的詛咒，讓紅蒼蠅在夜間能夠恢復艾恬的原貌。可是法拿哈又掀起一陣狂風，將蒼蠅小姐吹到九霄雲外。這下艾恬可慘了，她嗡嗡嗡地孤獨飛行了一千年，最後掉進酒杯裡給淹死了……

好戲還未結束，飲酒的那位女士眼力不好，沒注意到酒是加了料的，她一飲而盡，就此懷上了轉世的艾恬。於是這位阿爾斯特英雄的妻子生下了美麗動人的女兒，這孩子長大後與愛爾蘭國王有了婚約。

就在國王迎娶她時，米迪爾闖進慶典現場。他用花言巧語騙得愛爾蘭國王允許自己親吻新娘，雙唇一觸碰，新娘便恢復了前世的記憶，與米迪爾重燃愛火，兩人變作天鵝騰空而去，飛向自由。

愛爾蘭神話中的愛情故事總與天鵝息息相關，而愛情的魔力是如此之大，甚至連掌管它的神靈都被反噬。

愛爾蘭神話中的英雄和美女

奧恩古斯曾經在長達一年的時間裡，連續夢見同一位美麗的女人，這位姑娘在夢境中向他招手，奧恩古斯也情不自禁地伸出手去，可每到這時他就醒來，姑娘也消失了。

這種精神折磨害得愛神茶飯不思，形容憔悴，他的達南族同胞以為他生病了，就請來醫生醫治。

奧恩古斯不好意思坦白自己竟然愛上夢境中的女人，但是他的症狀瞞不過神醫弗格尼（Fregne），弗格尼請來波安女神，請她在愛爾蘭境內尋找愛神夢中的女子。

波安女神沒找到這女孩，於是又請來了達格達，達格達也告失敗後讓愛神的舅舅波安・戴爾格出馬，他還真搞清楚了這夢中的女孩是達南族人，名叫凱爾（Caer），就住在康諾特王國的一處湖畔。

奧恩古斯立即前往康諾特，向艾利爾國王和梅芙女王求助。愛神親自懇請，加上達格達居中斡旋，這份人情讓康諾特王室不得不答應幫忙。艾利爾召見凱爾的父親艾瑟爾（Ethal），命令他將女兒獻給愛神。沒想到艾瑟爾毫不理睬國王的命令。艾利爾大怒之下，出動勇士搗毀了艾瑟爾的仙塚。艾瑟爾終於讓步，他告訴愛神在第二年薩溫節時來到湖畔便可以見到凱爾。

第二年，奧恩古斯如約抵達，湖上漂浮著一百五十隻美麗的天鵝，愛神認出了隱藏其中的凱爾。他按照凱爾的要求，也化為天鵝游到她身邊，兩隻天鵝交頸相依，然後一起飛到愛神位於博因河畔的仙宮，在那裡舉辦了盛大的婚禮。

第二節　威爾斯神話

與愛爾蘭不同，威爾斯的文化體系並不是純粹的凱爾特風。威爾斯屬於四戰之地，它的歷史很古老，西元前一千年時就已經有大陸來的殖民者定居了。此後威爾斯群雄並立，西留爾人在西北地方稱霸，西南方則被愛爾蘭人侵佔，中部屬於科諾偉人……結果等到羅馬人一來，所有這些割據者都灰飛煙滅。

從西元四十三到四一〇年，威爾斯一直是羅馬帝國不列顛尼亞行省的一部分，住在這裡的老百姓規規矩矩地執行政府的羅馬化政策。後來羅馬帝國衰落，撤離不列顛島，本地貴族請來日爾曼蠻族傭兵抵禦蘇格蘭皮克特人的騷擾。誰知這是引狼入室：盎格魯人和撒克遜人合夥侵略不列顛。

如此混戰到西元六世紀初，凱爾特部落逐漸被壓迫到不列顛島西部的威爾斯群山之中生活，其中的布立吞人開始自稱威爾斯人，同時建立了格溫內斯王國這一羅馬帝國的繼承國，其國王享有「不列顛人之王」的尊稱——正是這一歷史背景孕育了關於亞瑟王的神奇傳說。

每當威爾斯遭遇外敵入侵的時候，吟遊詩人們便開始傳唱古代英雄的讚歌。他們的素材主要來自愛爾蘭神話，同時也受到英格蘭人的影響，這些民間詩篇經過幾個世紀的積累後，被修士們搜集抄寫整理成卷，於是威爾斯自己的神話故事集《馬比諾吉昂》誕生了。

在這個故事系列中，威爾斯的神話從愛爾蘭神話中獨立出來，它的風格受到中世紀文學作品的影響，但其精髓仍然帶有鮮明的凱爾特文化特徵。

《馬比諾吉昂》的故事核心由四個支系構成，其中包含四篇最具神話性的故事，在每個分支故事的最後一段都有同樣的結束詞：「就這樣結束了馬比諾吉的這段分支故事。」

有趣的是，按照威爾斯語，這部書應該叫《馬比諾吉》，後面沒有「昂」這個音。之所以會有這個錯誤，是因為在第一次將這部誕生於十一世紀的威爾斯散文詩集翻譯為英語時，當時威爾斯方言並不統一，所以譯者產生了誤解。

《馬比諾吉昂》的四個支系中，其實只有兩個是威爾斯本土的故事，另外兩個來自法國的布列塔尼半島，雖然神話跨越了國界，但它們都是凱爾特文化圈的產物。

1 普伊爾傳奇

《馬比諾吉昂》第一支系講的是威爾斯南部達費德郡的國王普伊爾（Pwyll）的神話故事，這位國王與很多愛爾蘭神靈有血緣關係，例如達格達。普伊爾的妻子里安農（Rhiannon）來頭也不小，她是威爾斯地區流行的凱爾特女神。

在故事開始的時候，普伊爾狩獵時見到一群白身紅耳的獵犬在追趕馴鹿。他瞅著獵犬主人沒有現身，就趕走了這夥獵犬，然後放出自己的獵犬去追逐馴鹿。這樣一來，他就得罪了安努恩冥界之王阿隆（Arawn），因為他趕走的是阿隆的愛犬。

冥界之王阿隆在達費德國王面前現身，要求普伊爾賠償自己的損失。普伊爾理虧在先，於是不得不接受了對方的奇怪要求——兩人互相交換身分一年，在此期間不能被其他人看出破綻。一年期滿後，普伊爾還必須與阿隆的勁敵哈夫甘（Hafgan）進行一場決鬥。

雖然這些賠償要求匪夷所思，但普伊爾還是一口答應。阿隆看對方爽快配合，就善意地提醒他要殺死哈夫甘必須一擊致命，過多的打擊反而有助於對方恢復健康。

交易達成，兩人來到阿隆冥界的王宮，阿隆施展魔法讓臣民們都認為自己就是普伊爾，甚至連他的妻子也不例外。雖然稀裡糊塗成為冥界之王，但普伊爾並沒有趁機去佔便宜，他每天晚上都對著牆壁睡覺，甚至不敢跟王后說一句話。

一年期滿，到了與哈夫甘決鬥的日子。普伊爾按照阿隆的吩咐，一上來就給了哈夫甘致命一擊，重傷的哈夫甘祈求再給自己來個痛快的，但普伊爾並沒有上當，而是冷靜地看著對方傷重死去。

不久後阿隆回到冥界，滿意地發現普伊爾是個誠實的君子，特別對於他沒有占自己老婆便宜這一點大為讚賞。而返回自己祖國的普伊爾發現，冥界之王將達費德郡治理得井井有條，也非常佩服——達費德郡不過是個巴掌大的小地方，阿隆要是連這麼點地方都治理不了，那還是別在神界混了。

總之，兩人從此成為好友，普伊爾也因此得到「冥界之王」的頭銜——整個事件中唯一的受害者就是阿隆的王后，她被蒙在鼓裡不明真相，因此對「丈夫」莫名其妙冷落自己一年耿耿於懷。

回到人間的普伊爾依舊沒改毛躁的脾氣，當他聽說自己位於阿爾伯爾斯的王宮外面有一圈流傳不能坐人的護堤時，非要去試試看，縱然侍從警告他這麼做會招來厄運，他也不在乎。

等他來到護堤坐定，就看到一個騎白馬的美女向自己徐徐而來。普伊爾立刻吩咐手下去追，奇怪的是這女人看起來行動遲緩，但他的手下卻怎麼也追不上人家。

第二天，普伊爾又在原地見到那個女人，這次他決定自己出馬。他一邊追趕一邊請求她暫停腳步，沒想到美女真的停下腳步告訴他，自己名叫里安農，本是謝菲德．赫恩的女兒，只因不願意被迫嫁給格沃爾（Gwawl），所以才逃婚來到達費德。里安農講完自己的來歷後，直截了當地提出了請求：只請普伊爾陛下與我成婚，從此打消那無賴格沃爾的念頭！

普伊爾一聽大為驚訝：原來英雄救美還有

普伊爾狩獵時見到一群白身紅耳的獵犬在追趕馴鹿

這種機會，我當然答應，以一年為期，我定然去迎娶你！

兩人商量好以後，里安農又騎上白馬回去了。普伊爾等一年到期後，高高興興地跑到謝菲德．赫恩的王宮去求婚。未來的老丈人已經準備好了盛宴，只等新姑爺來了就開席。正在熱鬧時，一個男人闖進來請普伊爾幫自己一個忙。大嘴巴的普伊爾正在興頭上，隨口許諾說：幫什麼忙都行，你儘管說！

結果來人直接說，請你把里安農賞賜給我吧——原來他就是格沃爾……

為了維護自己的榮譽，普伊爾只好硬著頭皮答應了格沃爾的要求。

這下把里安農給氣炸了，她一邊痛罵普伊爾腦筋太不靈光，一邊悄悄遞給他一個魔法袋，暗示可以用這個對付格沃爾。

又是一年過去了，另一場婚宴盛大開席，新郎官是志得意滿的格沃爾。

就在酒過三巡菜過五味的時候，一個老乞丐來到酒席上，祈求格沃爾用食物裝滿自己的破口袋。這次輪到格沃爾上當了，他和去年的普伊爾一樣慷慨許諾——管家，拿些剩菜來打發這位老人家！

怪事出現了，不管拿來多少食物，這老乞丐的破口袋就是裝不滿！就在大家吃驚之時，老乞丐請

里安農

在座的人出面幫自己把袋子裡的東西踩實，否則袋子永遠裝不滿。格沃爾決定自己上陣去踩，等他走進袋子以後，老乞丐立刻把袋口繫上，露出普伊爾的真容來。

隨著一聲呼哨，大門外面湧進來一幫達費德士兵，大家把口袋當球踢，疼得格沃爾哭爹喊娘直求饒。於是普伊爾宣佈說饒恕他的條件是把新娘交出來，並且承諾永不為此事報復。格沃爾不得不就範，普伊爾和里安農終成眷屬！

這對夫婦成婚後生下一個兒子，這本是件喜事，沒料到這事卻很快變成了巨大的災難。就在一天夜裡，照顧新生兒的保姆發現孩子不見了！誰都知道普伊爾的衝動個性，要是被他知道此事，必然會一劍砍了保姆。為了保全自己的性命，保姆生出一條毒計：她拿鮮血抹在熟睡的里安農身上，天亮後就跑去普伊爾面前誣陷是里安農吃掉了孩子！

普伊爾的性格缺陷在處理此事時暴露無遺，他不顧妻子的解釋，強令可憐的里安農站在城堡門口，向每一個過路人「坦白」自己莫須有的罪過。普伊爾還覺得這樣的懲罰不夠，他勒令自己的妻子像匹馬一樣，把每個到訪者馱進城堡裡！

就在此時，達費德郡的一個農夫蒂爾農為了保護自己的小馬駒而煩惱。他家的母馬每年五月一日會產下馬駒，但每次小馬駒都是第二天就不見了。為了解開這個謎團，蒂爾農決定在馬棚裡待上一夜看看。就在他守夜的時候，一隻怪物的魔爪破窗而入，一下就把小馬駒抓走了。蒂爾農拔出佩劍將魔爪砍斷，只聽見屋外一聲哀號。他追出去沒見到怪物蹤影，卻看到一個裹在絲綢裡的男嬰。

蒂爾農和妻子撫養了這個來歷不明的孩子。當他聽說了王后吃人的傳聞，再看看這孩子長得幾乎是普伊爾的翻版，便猜出發生了什麼。這位勇敢善良的農夫帶著孩子來到城堡，向頭腦不清的國王解釋了來龍去脈。

普伊爾當眾宣佈妻子無罪，並大擺宴席進行慶祝。在酒宴上里安農宣佈給孩子取名為皮德瑞（Pryderi），這個名字的意思是「憂慮」，因為這個孩子的歸來結束了自己母親充滿憂慮的生活。

2 聖布蘭的頭顱

《馬比諾吉昂》第二支系講的是巨人聖布蘭（Bendigeidfran/Bran the Blessed）的故事，「布蘭」的意思是「渡鴉」。在凱爾特傳說中，只要渡鴉能安然無恙地待在塔樓裡，那麼不列顛島就能萬古長存。

布蘭的故事從他的妹妹布蘭文（Branwen）和愛爾蘭國王馬瑟路夫（Matholwch）的婚禮開始，當時大家正在安格爾西島上支起帳篷盡情歡宴。就在大家盡情吃喝時，布蘭的異母弟弟埃弗尼辛（Efnysien）卻開始鬧事。因為他怨恨無人徵詢他關於妹妹出嫁之事的意見，竟然將妹夫隨從的馬嘴、馬尾、馬耳朵和馬眼瞼都逐一割了下來。

這樁惡行讓婚宴不歡而散，馬瑟路夫下令召集自己的手下，打算報復。身為大舅子和不列顛之王，布蘭趕緊出面調解。他趕到妹夫的船上賠不是，許諾給所有的愛爾蘭勇士換一批新馬，還給妹夫送上比自己還高的白銀權杖，和與自己臉孔一樣大的金盤子。儘管如此，馬瑟路夫還是不滿意，布蘭只好把威爾斯的國寶——能起死回生的神鍋也拿了出來。這口鍋可以讓死者復活，唯一的缺陷是復活者都是啞巴。

布蘭

渡鴉

事情演變至此，馬瑟路夫才強壓怒火接受了禮物，帶著妻子返回了愛爾蘭。一年之後，布蘭文為馬瑟路夫生下了兒子格威爾恩（Gwern）。按說這下愛爾蘭王應該滿意了，沒想到心胸狹窄的馬瑟路夫一直忘不了埃弗尼辛對自己的冒犯，就在孩子出生第二年，他竟然把老婆趕到皇家廚房裡做苦役進行折磨。

馬瑟路夫當然明白自己做的事情見不得人，為了不讓大舅子知道，他下令不許片帆入海駛向不列顛，也嚴禁不列顛的船隻進入愛爾蘭。但是人算不如天算，布蘭文養了一隻歐掠鳥，這隻聰明的鳥兒把布蘭文的求救信帶回了不列顛。

布蘭知道妹妹的慘狀後勃然大怒，我把國寶神鍋都送給你了，你卻讓我的妹妹在廚房裡天天刷鍋？於是他立即準備率軍攻打愛爾蘭以懲罰自己的妹夫，臨行前吩咐六位輔佐大臣輔佐自己的兒子卡拉杜克（Caradawc）。

在愛爾蘭的馬瑟路夫發現海平線上出現了異常：他看見海面上出現了森林，森林後面是一座夾在兩道河流中間的高山。警覺的愛爾蘭王把妻子抓來質問一番，布蘭文傲然答道：這是我哥來了！森林就是不列顛的艦隊，河流是我哥的眼睛，高山是我哥的鼻子，他塊頭太大無法坐船，就這麼踏著海水來攻打你了！

馬瑟路夫感覺不能和大舅子正面硬幹，他使出緩兵之計，並趕造出一棟能容納布蘭和全體不列顛將士的大房子，做出招待貴賓的架勢。但這位陰險的愛爾蘭王暗藏毒計：在房子的每一根柱子上都掛著一個袋子，袋子裡藏著一名愛爾蘭勇士。他打算在房子裡設宴款待布蘭，到時候摔杯為號，勇士們就從袋子裡殺出來，把他的大舅子砍成碎片。

布蘭登陸以後被引到房子裡飲宴，他對馬瑟路夫的表現很滿意，覺得妹夫知道錯了。可上次惹事的埃弗尼辛對柱子上的那些大袋子感到不放心，雖然愛爾蘭國王謙遜地表示那是為客人準備的麵粉，但他還是挨個摸索了一遍。

埃弗尼辛的觸覺很敏銳，他發現每個袋子裡都有個像人頭一樣的東西，於是他不動聲色地用拇指和食指將人頭捏得粉碎——一共一百個袋子，他一個都沒放過。

宴會還在進行，但馬瑟路夫神使鬼差地決定放棄自己的計畫。為了表示和談的誠意，他宣佈自己要退位，然後傳位給兒子格威爾恩。這時埃弗尼辛表示作為舅舅想抱一抱親愛的外甥，於是愛爾蘭王令侍從將孩子抱來。沒想到埃弗尼辛一接過孩子，就把外甥丟進火堆裡去了！

宴會立刻變成了血戰，愛爾蘭的戰士們在混戰中佔有優勢，因為他們戰死以後可以通過那口神鍋復活。可埃弗尼辛悄悄藏在死去的愛爾蘭勇士的屍體裡，因此也被丟進神鍋，他在鍋裡拚命亂踢亂捶，搗毀了神鍋，但他的心臟也因為用力過猛而破裂，這位不停闖禍的大爺就此結束了自己的生命。

血戰持續了三天，最後布蘭一方獲得「慘勝」。布蘭因為腳中毒箭而死，他帶來的不列顛戰士只有七人倖存，剩下的人包括布蘭的弟弟瑪納威丹（Manawydan）和第一支系中普伊爾的兒子皮德瑞。愛爾蘭一方只剩下五名孕婦存活，她們是復興愛爾蘭的希望。布蘭文得知兩個國家因她而滅亡後，也因為悲傷過度而死。

災難並不止於此，布蘭遠征離開以後，野心家凱西維勞（Caswallawn）篡奪了不列顛王位，他用魔法殺死了全部的輔政大臣，卡拉杜克眼看無力回天，也憂憤而死。

布蘭臨終前命令七名不列顛人將自己的頭顱砍下帶回去，還吩咐他們途中可在哈勒赫與瓜利斯島稍作停留。瓜利斯島是威爾斯版的「他方世界」，在這個極樂世界中有三扇門，其中只有一扇門是關閉的。布蘭預言不列顛戰士們將在那裡逗留八十年之久，自己的頭顱將在那裡陪他們聊天，給他們解憂。可如果八十年後有人打開那扇關閉的大門的話，所有人都會記起那些被遺忘的痛苦回憶。這時他們就必須趕快回到倫敦，將布蘭的頭顱埋在白山之下。在那裡，布蘭的頭顱將永遠守護不列顛不受外族入侵。

倖存的不列顛人嚴格遵照國王的命令，他們在瓜利斯島度過了八十年的無憂時光，期滿後果然有人打開了關閉的門，於是所有人在悲傷痛苦中趕赴倫敦，將布蘭的頭顱埋在白山下——很多人認為白山就是倫敦塔。

布蘭的頭顱從此埋藏在地下守護著不列顛，後來亞瑟王將這顆頭顱挖出，因為在他心目中，只有軍隊才是不列顛的守護者。

3 達費德的魔力

《馬比諾吉昂》第三支系講的還是威爾斯南部達費德郡的故事，只不過這次故事的主角不再是那位智商堪憂的老國王了。

在故事開始時，前國王普伊爾已經去世。從愛爾蘭返回即位的皮德瑞娶了琪格瓦（Kicva）為妻，里安農改嫁給布蘭的弟弟、魔法師馬納威丹，似乎生活又要繼續了。可隨著一場濃霧降臨達費德，四人發現所有的臣民都消失不見了！

這下可好，王室成為國家裡僅存的子民，連個燒火做飯的僕人都沒了，四人只好暫時靠打獵謀生了。

一天，皮德瑞和馬納威丹追獵一頭白色野豬，卻來到一座神祕的城堡。馬納威丹認為還是不要冒險進去，但皮德瑞不聽勸告，逕自進入城堡。城堡噴泉邊有個金碗，皮德瑞伸手一碰就被定住了。馬納威丹趕緊回去將此事告訴大家，里安農一聽便匆匆趕來救兒子，結果也被困在了城堡裡。這時神祕的濃霧再度降臨，等霧散天晴後城堡也消失了。

現在只剩下馬納威丹和琪格瓦兩人了，會打獵的皮德瑞已經失蹤，他倆不得不下田種地謀生。種地固然辛苦，但更可氣的是每逢收穫前夜，地裡的莊稼就會消失得一乾二淨。馬納威丹心下不甘，就在田地邊守護，結果發現是一隊老鼠把地裡的莊稼都給搬走了。暴怒的馬納威丹衝出來追趕老鼠，結果只抓到一隻懷孕掉隊的母鼠。

雖然莊稼還是沒保住，但這回魔法師打算為自己討回公道：他發誓要將可惡的老鼠吊死。就在馬納威丹著手製作適合老鼠身材的絞刑架時，忽然冒出來三個男人為老鼠求情。

這三個人分別是學者、神父和主教，尤其是那位主教最是心急，他懇求馬納威丹看在他的份上釋放老鼠，答應只要老鼠獲釋，他就滿足馬納威丹的任何要求。

馬納威丹也算是見過世面的老江湖了，他打蛇隨棍上，提出三個要求：第一，要求立刻送還皮德瑞和里安農母子；第二，要求解除施加在達費德郡的詛咒；第三，要求說清楚達費德郡為什麼會被施以魔法！

路德主教將自己教區的居民都變作了老鼠

事已至此，主教只好如實招來：他叫路德（Llwyd），是里安農以前的未婚夫格沃爾的朋友。當初格沃爾中了普伊爾的詭計，失去妻子又挨揍，雖然他答應不再報復，卻心有不甘，於是找來路德對整個達費德郡施展了魔法。那些搬空了馬納威丹糧食的老鼠，是主教教區的百姓們變的，而那隻正要被魔法師送上絞刑架的母鼠，正是主教自己身懷六甲的老婆……

主教坦白之後，把被魔法攪亂的一切都恢復原狀，第三支系的故事也就此結束。

4 持足女的前襟

《馬比諾吉昂》第四支系講的是多恩王朝的神話，這個政權統治著威爾斯北部的格溫內斯郡

（Gwynedd）。多恩（Dôn）是威爾斯神話中的女神，基本上是愛爾蘭神話中女神達努（Danu）的威爾斯翻版。

多恩女神的哥哥馬斯（Math）是格溫內斯的國王，他是一位法力無邊的魔法師，卻有一個非常古怪的弱點——需要持足女的服侍。所謂持足女是宮廷裡的一種職務稱謂，其實就是負責將國王的臭腳丫子按在自己衣服前襟上的宮廷侍女。因為馬斯有一種奇怪的毛病，那就是不領兵打仗時，必須把雙腳搭在一位處女的前襟上，否則他就活不下去。

馬斯的這種怪癖怎麼看都像是變態，但因為他是國王，而且他是凱爾特神話裡的國王，那麼再怎麼古怪也不足為奇了，因為神靈創造萬物自有他的道理。

格溫內斯國王馬斯的持足女

雖說馬斯在理論上可以通過領兵打仗來避免麻煩持足女，可這位君王天天待在王宮裡養尊處優，至於軍國大事這種無聊的東西，全交給了自己兩個外甥——格溫蒂昂（Gwydion）和吉爾韋綏（Gilfaethwy）打理。

格溫蒂昂是一個法力和舅舅不相上下的魔法師，同時還是一位才華橫溢的吟遊詩人，更是一位武功高強的戰士——按照凱爾特神話的慣例，他應該是桃花運纏身、緋聞不斷的宮廷美男子了。然而在本篇故事中，被愛沖昏頭腦的卻是他的兄弟吉爾韋綏。

吉爾韋綏愛上了宮廷中的一位少女，這位少女就是侍奉他舅舅的持足女葛伊溫（Goewin）。凱爾特的傳統中，並不存在沒有肉體關係的純潔愛情關係，但吉爾韋綏要與意中人成婚，那麼，老舅的性命也就堪憂了。再加上馬斯那雙腳是要晝夜不停地放在持足女前襟上的，因此吉爾韋綏和葛伊溫連獨處的機會也沒有。

瞭解到兄弟的痛苦之後，格溫蒂昂開始策劃要舅舅的腳與葛伊溫的前襟分開。當時達費德的國王皮德瑞養了一群在不列顛島上僅有的野豬，這是安努恩冥界之王阿隆專門送給他的。格溫蒂昂建議由自己和吉爾韋綏作為使節去造訪友邦，向皮德瑞請求引進這一神奇的物種。

因為達費德與格溫內斯這兩個威爾斯國家之間關係一向非常友好，兩國之間往來密切。所以馬斯認同外甥的建議，就讓這兄弟倆帶著十名護衛出訪達費德。

馬斯讓外甥進行正式的國事訪問，但格溫蒂昂等人偏偏扮作吟遊詩人混進皮德瑞的宮廷，用歌聲征服了在場的聽眾。就在大家鼓掌叫好時，格溫蒂昂趁機向皮德瑞請求賞賜給自己一些野豬。皮德瑞很為難，他解釋說阿隆贈送這批動物是附有條件的，在野豬的數量繁殖到兩倍之前，不允許轉送他人或者出售。

狡猾的格溫蒂昂指出了冥界之王條件中的一個漏洞：沒有禁止將野豬用於交換。他拿出十二匹佩戴金鞍的駿馬和十二隻繫著金項圈的灰色獵狗交換野豬，皮德瑞一時心動，便同意了交換的要求。於是格溫蒂昂火速驅趕著野豬回國，因為他的那些禮物都是魔法變出來的假貨，一天之後就會煙消雲散。

果然，還沒等格溫內斯王國把豬圈蓋好，皮德瑞就率軍前來索回財產了——你們這幫混蛋比詐騙集團還可惡呀！

在西方，內政固然可以由大臣輔佐，但打仗一般都講究君王親自上陣，這是一種職責，也是一種榮譽，尤其對凱爾特人這種蠻族而言更是如此——你不表現出過人的勇武，誰肯服你呢？

這正是格溫蒂昂的陰險目的：馬斯不得不離開葛伊溫領兵出戰。就在國王離開王宮的時候，吉爾韋綏迅速地衝進馬斯的臥室，污辱了葛伊溫……

格溫蒂昂和吉爾韋綏

馬斯在戰場上不明就裡地與皮德瑞血戰一場，付出慘重的傷亡代價後擊敗了達費德的軍隊。此後兩國之間的關係持續緊張，不時有流血摩擦。最後皮德瑞要求與罪魁禍首格溫蒂昂決鬥，但是在對方強大魔法的威力之下，皮德瑞最終被格溫蒂昂殺死。

馬斯解決完外敵入侵的問題後返回宮廷，決定對自己的外甥和葛伊溫都做出處置。首先葛伊溫是無辜的被害者，馬斯以娶她做王后作為補償。而對於自己那兩個壞外甥，做舅舅的揮動魔杖，將吉爾韋綏變成雌鹿，將格溫蒂昂變成雄鹿，接著將這一對畜生趕入森林。

一年後這對鹿返回宮廷，牠們已經生下了一隻小鹿。馬斯又揮動法杖將公鹿變成母豬，將母鹿變成公豬，再度將牠們趕入森林。但國王把小鹿留了下來，將牠變成一個男孩子，取名為海希文（Hyddwn）。

再過一年這對豬返回宮廷，不出所料還帶著一頭小豬。這次馬斯將公豬變成母狼，將母豬變成公狼，然後還是趕入森林了事。他照例留下小豬，將其變成叫作海德文（Hychdwn）的小男孩。

又是一年過去，兩大一小三條狼返回宮廷。終於，馬斯覺得自己外甥已經得到足夠的教訓，於是恢復了他們的原形，小狼崽變成的小男孩被取名為布雷頓（Bleiddwn）。

這番魔法表演持續了三年終告結束，馬斯終於有空物色下一位持足女的人選了——說來也怪，老先生這麼長時間沒有接觸到處女前襟，也照樣活蹦亂跳，更不影響他施展魔法。

重獲自由的格溫蒂昂趕緊表現自己的忠心，推薦自己的妹妹阿麗安蘿德（Arianrhod）來擔任持足女。馬斯對外甥的誠信表示質疑，但格溫蒂昂拍著胸脯擔保妹妹清白無瑕。於是宮廷裡舉行了一次貞操測試：阿麗安蘿德按照要求跨過舅舅的法杖，結果一瞬間她就生出一個滿頭金髮的大胖小子。馬斯一把奪走了孩子，被證明不貞潔的阿麗安蘿德撒腿便逃，結果路上又生下了一個男孩，被格溫蒂昂撿走用絲綢繈褓包好。

先出生的金髮男孩飛速長大，出生後不久就能自己跑到海中游泳，他覺得在水裡比在陸地上更自在，於是被取名為迪蘭・葉・唐恩（Dylan），意思是「大海波浪之子」。爾後出生的那個孩子則命運坎坷，他先被舅舅格溫蒂昂塞進床腳的箱子裡，後來又被交給一個宮廷侍女撫養。這孩子也一樣長得飛快，兩歲時就能進宮覲見舅姥爺馬斯，於是他就在格溫內斯的宮廷中長大。

等到這孩子四歲時，格溫蒂昂帶他去見阿麗安蘿德。沒想到阿麗安蘿德見到孩子惱羞成怒，因為這是她在宮廷中當眾出醜的活證據呀！阿麗安蘿德問這孩子叫什麼，她的馬虎哥哥這才想起來一直沒給孩子起名字呢！於是阿麗安蘿德就詛咒說，除非自己給孩子取名，否則他就一輩子沒有名字！

格溫蒂昂對妹妹的表現非常不滿，他想連達費德國王皮德瑞這樣的大人物都栽在我手裡了，我還收拾不了一個妳？於是第二天他用海藻變成一條船，扮作一個補鞋匠，乘船來到妹妹的城堡等待機會。

作為一個愛美的女士，阿麗安蘿德有不少鞋子需要打理。當她看到修鞋匠的時候，就趕緊到船上來修鞋。就在這時一隻鷦鷯飛過來落在船板上，那孩子丟了一塊石子將倒楣的鷦鷯砸死了。阿麗安蘿德隨口誇了一句：這漂亮的孩子手真巧！

沒想到船立刻變成了海藻，修鞋匠變回了她的哥哥。格溫蒂昂一把將孩子拉到自己身邊說：「謝謝妳啊，這孩子的名字叫萊伊·勞·吉費斯（Lleu Llaw Gyffes，威爾斯語，意為「巧手的漂亮男孩」）！」

阿麗安蘿德氣得跳起來，她對自己的兒子追加了一個詛咒：除非她賜予萊伊武器，否則這孩子永遠沒有防身的東西！

在凱爾特社會裡，一個男子沒有武器是無法生存的，但這難不倒格溫蒂昂。他帶著萊伊回家，將他訓練成一個戰士。接著格溫蒂昂故技重施，又與萊伊扮作吟遊詩人來到妹妹的城堡表演，贏得滿堂喝彩。第二天早上，阿麗安蘿德從城堡塔樓上看到海面上開來黑壓壓一片艦隊——這是她哥哥用魔法搞出來的障眼法。恐懼的阿麗安蘿德連忙把城堡裡的人都武裝起來，於是萊伊也得到了母親賜給自己的兵器。

當格溫蒂昂得意揚揚地解除魔法後，阿麗安蘿德氣急敗壞地下了最後一個詛咒：萊伊永遠無法在人間找到老婆——你就打一輩子光棍去吧！

這條單身狗詛咒威力強大，以至於格溫蒂昂不得不厚著臉皮去向舅舅馬斯求助。舅甥倆聯手用橡樹花、金雀花和繡線菊變出一個美麗的女孩布蘿黛維（Blodeuwedd），這名字的意思是「花樣的容顏」。馬斯賜給萊伊一部分領地，讓他可以帶著這位不是打娘胎出生的新娘開始新生活。

布蘿黛維是個惡毒淫蕩的女人，她不愛萊伊，很快勾搭上了獵人格羅努（Gronw）。他們為了長相廝守，打算做掉萊伊。萊伊不是一般由母胎降生的凡人，要想殺死他需要很多苛刻條件。這些條件包括：時間必須是週日大家做彌撒時；武器必須是長矛；場所既不能是空地、也不能在屋內；萊伊當時必須半裸，而且必須一腳踩著大地、

萊伊與布蘿黛維

一腳踏進水裡。在其他故事版本中，還有萊伊一腳踩著地、一腳跨在馬背，或者是公羊背上等等。總之，布蘿黛維從自己的丈夫口中打探到了所有條件，而萊伊被姦夫格羅努用長矛襲擊時，不過是正要跨進一個茅草棚中的澡盆罷了……

垂死的萊伊被兇手丟進荒野後變成鷹飛走了，他的舅舅格溫蒂昂，很快獲悉此事並開始了復仇。格溫蒂昂跟蹤布蘿黛維和格羅努，以與萊伊被刺時相同的時間地點和方式殺死了格羅努——在有些故事版本中，是萊伊被格溫蒂昂所救後，又以同樣的方式殺死了格羅努。

布蘿黛維帶著侍女們逃進深山，結果在不斷回頭觀察追兵動靜時墜河，除了她以外，其他人都被淹死。等這個惡毒的女人爬上岸，格溫蒂昂的魔法報復隨之而來。就像當初馬斯整治格溫蒂昂一樣，格溫蒂昂將布蘿黛維變成了一隻貓頭鷹。根據威爾斯神話，正因為此，貓頭鷹被其他鳥類厭惡，只能在夜裡獨自行動。

復仇之後的格溫蒂昂走遍整個威爾斯尋找萊伊。一天，他在一座農舍落腳時，聽到主人說自己的母豬每天早上就出去晚上才回來。第二天，格溫蒂昂跟蹤母豬來到一棵樹下，發現這頭豬正在大口吃著地上生蛆的腐肉。他抬起頭時，發現樹頂上站著一隻鷹，每當鷹舒展翅膀時，腐肉就如雨點般掉落。

格溫蒂昂堅信那隻鷹就是自己苦苦尋找的外甥，他開始對著鷹唱歌。鷹果然做出了回應，它落到位於大樹中央的枝條上。格溫蒂昂又唱了一首歌，鷹落在距離地面最近的枝條上。當他唱完第三首歌時，鷹落在他的膝頭——就像當初那個孩子在他膝上嬉戲一樣。

於是格溫蒂昂滿含熱淚地揮動魔杖，將萊伊變回人的模樣……

5 庫爾威奇逸事

現在我們來講述威爾斯最「偉大」英雄的故事，他也是《馬比諾吉昂》中的人物，但這個角色在載入此書前很多個世紀就已經成型了。他的故事被認為可能是凱爾特神話中保留下來的，最古老、最另類的傳說，他就是皇家勇士庫爾威奇（Culhwch）。

庫爾威奇這個名字的意思是「小豬快跑」，聽起來有點蠢，不過在這個名字的背後是一個心酸的故事：賽利得王（Kilydd）的王后葛莉賽斯（Goleuddydd）在懷孕時瘋了，竟然把自己的兒子生在豬圈裡面。豬官發現此事後趕忙把小王子送回王宮，於是這孩子就有了這麼一個名字。

不久王后就死了，這可憐的女人在臨終前忽然意識清醒，她請求丈夫在自己的墳墓長出荊棘前不要再娶。凱爾特人很講究守信用，所以國王在王后去世後每天都去亡妻墓前探望——不長出荊棘來他沒法再娶呀！

說來也怪，一連七年王后的墳墓上竟然寸草不生，急得賽利得王百爪撓心卻無可奈何。其實這件事倒沒有什麼神話色彩，真相只有一個，那就是葛莉賽斯吩咐過自己的一個僕人，讓他每天都去把自己墳頭上長出的荊棘連根拔掉……

時間長了，僕人難免懈怠，終於被賽利得王發現了荊棘，於是國王順理成章地再婚了。賽利得王擇偶的口味與眾不同，他新娶的王后是位寡婦，其前夫還是被賽利得殺掉的。新王后不是一個人來的，她還帶來了自己的女兒。照一般人看起來，賽利得王有兒子，新王后有女兒，正好來個親上加親——新王后心裡也是這麼想的，沒想到庫爾威奇這小子不識抬舉，他以自己還年輕為由推脫了。

新王后一怒之下便對庫爾威奇說，除了巨人之王亞斯巴達登（Ysbaddaden）的女兒奧爾溫（Olwen）之外，誰都配不上你。說來也怪，庫爾威奇一聽到奧爾溫這個名字就動心了，他央求父親幫助自己，但賽利得王說：「那你去找亞瑟王幫忙吧，他是你的表親，他會幫你剪個時髦的髮型[1]，然後把那姑娘搶過來送給你。」

《馬比諾吉昂》中的亞瑟王，與後來亞瑟傳奇裡的亞瑟王有關係，卻不能直接畫等號。在威爾斯神話中出現的亞瑟王形象更為原始——他是凱爾特神話中的貴族騎士，不是那位中世紀的英雄騎士王。

庫爾威奇收拾打扮一番後就去找亞瑟王了，因為他聽說亞瑟王的宅邸非常奢華，為了不讓人家看扁自己，他也準備了一身盛裝：金靴紫袍，錦衣白馬，左右各跑著一條獵犬。他肩扛雙槍，手持金劍，還帶著鑲有象牙的盾牌和號稱能劃破長空的戰斧——既像是出門炫富的官二代，又像是賣藝的馬戲演員。

到了亞瑟王門前時，看門人卻看不起這個鄉下來的土包子，不放他進去！

庫爾威奇大怒，威脅說，如果不放他進去，他就大吼三聲，他的吼聲一定會傳遍康沃爾，傳到蘇格蘭和愛爾蘭。懷孕的女人聽見會流產，沒懷孕的會終身不育！這華麗的威脅把看門大爺鎮住了，於是庫爾威奇大咧咧騎馬走進了亞瑟王的宅邸。

少年庫爾威奇

庫爾威奇這一進去，竟然直接催馬登堂入室，抵達宴客的餐桌前。按說這一舉動相當無禮，但亞瑟王卻熱情地請他坐下。聽庫爾威奇表明身分和說明來意以後，亞瑟王二話不說拿出洗剪吹工具，為庫爾威奇剃好了時髦的髮型，接著大家便浩浩蕩蕩出發去尋找奧爾溫公主了。

這一走就是一年時間，雖然亞瑟王帶著他的騎士們四處探尋，可一點兒線索都沒有找到。庫爾威奇失去了耐心，不時嚷嚷著要讓不能實現諾言的亞瑟王名譽掃地。亞瑟王的騎士們安撫住這位毛躁的

1 在不列顛人之間，剪頭髮表示與對方有血緣關係。

青年，繼續冒險旅程。

終於有一天，他們在地平線上見到一座城堡，可連著跑了好多天，也沒接近目標多少。這時一個牧羊巨人庫斯坦因（Custennin）向亞瑟王一行發出了警告，他說所有向巨人之王提親的人都被殺死了，因為曾有預言說奧爾溫出嫁之日就是她父親的死期。他還補充介紹說自己就是亞斯巴達登的兄弟，可就連他的孩子們也被亞斯巴達登殺了不少，只留下一個獨子戈烏帝。

好客的庫斯坦因將騎士們領進自己家歇腳，在這裡庫爾威奇驚訝地發現，庫斯坦因的妻子竟然是自己的姨媽！姨媽聽說庫爾威奇的心願後表示自己可以幫忙，因為奧爾溫每週六都會找她幫忙洗頭，而明天就是週六了！

於是，在命運的安排下，這對年輕人碰面了。

既然見到了自己的心上人，那麼庫爾威奇更鼓足了勁去向未來的老岳父提親。但是亞斯巴達登的反應是拒絕，並在他們身後投擲長矛進行暗算。亞瑟王手下的騎士個個都是英雄，每一次都將長矛接住丟回去，最後弄得一身傷的還是亞斯巴達登自己。

巨人之王眼看是沒法暗算提親者了，於是就隨口胡謅了四十個看起來完全無法實現的條件。其中最艱鉅、最不可能完成的任務，是為亞斯巴達登找來出席婚禮前梳洗用的剪刀、剃鬚刀和梳子。

亞斯巴達登的梳洗工具被放在巨型野豬圖夫圖茲（Twrch Trwyth）的鬃毛上，這頭野豬本來是一位國王，因為惡貫滿盈而被神靈懲罰變作了野豬。在亞瑟王一行開始對這隻巨獸展開追捕之前，它的七隻小豬仔已經將愛爾蘭禍害得不成樣子，目前牠們正向威爾斯遷徙而來。在與野豬一家的搏鬥中，很多英勇的騎士獻出了自己的生命。但最後騎士們還是殺死了所有的小豬仔，將圖夫圖茲逼到康沃爾的一條河邊，在那裡展開了一場決戰。

最終在狩獵之神化身的獵人馬彭（Mabon）的協助下，亞瑟王成功地奪取了野豬頭上的洗剪吹工具，圖夫圖茲逃進大海，再也不見蹤影。

當四十個條件全部滿足後，大家凱旋亞斯巴達登的城堡準備婚禮。庫爾威奇目不轉睛地看著自己的老丈人梳洗完畢，然後提出迎娶奧爾溫的要求。巨人之王以極其惡劣的態度說道：「我同意——你不用對我感恩戴德，要感謝就去感謝亞瑟王吧，是他把我的女兒送給你的，而我自己是永遠不會把女兒嫁給你的！」

說完這位巨人又宣佈自己死期到來，沒想到，一語成讖——亞斯巴達登的侄兒葛盧（Goreu）趁他心灰意冷之時將他擄走，並在城堡外砍掉了這個邪惡巨人的頭顱。

當天晚上，庫爾威奇和奧爾溫舉行了隆重的婚禮，他們幸福地度過了餘生。而亞瑟王的騎士們也解散各自回家，故事至此圓滿結束——你也許注意到在整個過程中，男女主人公其實沒多少戲份，絕

巨型野豬圖夫圖茲

大部分故事都是在描述亞瑟王的冒險傳奇。

雖然亞瑟王只在《馬比諾吉昂》中幾個明顯有殘缺的故事裡出現，但這些威爾斯的神話已經開啟了未來一段輝煌傳說的濫觴，那就是中世紀騎士文化的巔峰——亞瑟傳奇的故事。

正在追捕巨型野豬的亞瑟王與馬彭

第三章

永恆的亞瑟王

在英倫舊都溫徹斯特城的王宮大廳裡有一處著名景點——「圓桌會議大禮堂」，遊客慕名而去，卻只能見到空蕩蕩的古堡大廳，牆上如旗幟般掛著一面大圓桌面。這圓桌面上方是一位撲克牌頭像般的持劍王者，中心的百合花圖案向周邊放射出綠白相間的二十四塊條紋，每塊條紋上都用花體字寫著一串天書般的名字。

看到這裡，饕客腦海中恐怕浮現的是食堂飯桌，賭徒則會想起賭場裡的俄羅斯輪盤，小朋友也忍不住想擲出飛鏢——這東西明明是個飛鏢靶子嘛！但這可是騎士文化聖物，英倫國寶大圓桌，是英格蘭民族自尊心和自信心的堅強後盾。

傳說中的亞瑟王生活在西元五世紀或六世紀，那麼這面圓桌至少也有一千五百年左右的歷史。雖說比不上雅典衛城和羅馬競技場之類，但也算說得過去了。

在漫長歲月裡，英國人堅信這是亞瑟王和他的圓桌騎士們留下的珍貴文物。直到現代碳十四鑒定技術宣佈了殘酷的真相：這面桌子最多只有五百年出頭的歲數。大圓桌還是堂而皇之地掛在溫徹斯特王宮的大廳裡，繼續向每一位訪客講述亞瑟王的故事。

順便說一下，大圓桌上的亞瑟王雖然很像撲克牌，但現代撲克牌上並沒有他。反而是他的首席圓桌騎士蘭斯洛特（Sir Lancelot）出現在梅花J的圖案上，以一個手持長槍的小白臉形象傲視天下撲克玩家。

亞瑟王的出現始於西元十一世紀，最早他是凱爾特神話中的一個英雄，領導手下一群騎士在英倫三島打來打去，此時的亞瑟並不是王者，只是一個軍事集團的首領。

中世紀初期的編年史和傳奇故事，充斥著君臣之間信任與背叛、王國之間戰爭與和平、夫妻之間忠誠與通姦，亞瑟這個形象也因此脫穎而出，並隨著一系列英格蘭神話故事四處傳播。

亞瑟王的故事滿足了人們對騎士制度的想像和崇拜，在日漸豐滿的神話中，他成為擁有貴族血統的王者，手下一群出身高貴的騎士也成為勇敢戰士的典範。傳說中亞瑟王為正義而戰，也成為牧師佈道時合適的宣講材料。在中世紀的教堂活動中，牧師更願意講亞瑟王的故事，顯然這些經久不衰的傳奇，遠比枯燥的聖經故事更適宜和信徒分享，也更能抓住聽眾的心。

亞瑟王的大圓桌被掛在英國溫徹斯特城的王宮大廳牆上

亞瑟王成功的因素很多，最重要的是他不是一個人在戰鬥。無論是他的追隨者、他的協助者、他的愛人，乃至於他的敵人，都個個活靈活現、獨具特色。這些人並不是刻板如撲克牌般的單薄形象，他們彼此融合、萬千糾結，用圓桌騎士、仙女法師、美艷情人等元素，拼出一幕中世紀風格的英雄傳奇。

於是亞瑟王的故事風靡整個西方世界，從凱爾特神話演變為國際化的騎士傳奇。在漫長的演變中，亞瑟王傳說中那些非基督教的凱爾特價值觀，逐漸服從了基督教教義的要求。

當凱爾特民族後裔和其他歐洲人民在面對中世紀那漫長黑暗的戰亂、文藝與饑荒折磨時，亞瑟王傳說中，以宮廷風流韻事和聖杯傳說交織而成的故事，是一劑珍貴的精神安慰劑。

雖然故事中的凡夫俗子，在基督教會認可的完美心靈標準面前一敗再敗，但亞瑟王和他的圓桌騎士所追求的那個和平正義的世界，以及他們為之付出的不懈努力，都令一代代聽眾心嚮往之。

亞瑟王不僅是凱爾特神話的碩果，也是歐洲騎士文化的開端之一。

第一節　關於亞瑟王的一切

一五一九年，神聖羅馬帝國皇帝及奧地利大公馬克西米利安一世（Maximilian Ⅰ）去世。這位一生追求浪漫主義的君王被稱為「最後的騎士」，他將自己的陵園修建成一座佈滿雕塑作品的藝術館。

按照皇帝的遺願，他應該與歷史上那些偉大的君王並肩而立，所以從凱撒到亞歷山大大帝，都靜靜屹立在皇帝的陵園之中。

在這些歷史上的偉大君王中，自然而然地有英格蘭之王亞瑟，沒有任何人質疑過亞瑟王出現在這裡的合理性。為了增加這個人物的真實性，設計者杜勒（Albrecht Dürer）還特別在盾牌上加了當時英格蘭王室的金鳶尾花紋章，雖然這紋章的歷史比亞瑟王的傳說晚了快一千年……

亞瑟．潘德拉貢（Arthur Pendragon）是凱爾特神話裡最具傳奇色彩的偉大國王，這位被稱為「永恆之王」的傳奇人物，其生平基本上來自神話傳說和中世紀的野史文獻。雖然他和他的圓桌騎士的故事流芳千古，但其歷史真相還是很耐人尋味的。

正如馬克西米利安一世一樣，歷史上堅信真實存在過亞瑟王的名人並不在少數。雖然從十一世紀以來，就不斷有狂熱粉絲前仆後繼地試圖找出亞瑟王真實存在的證據，但遺憾的是，正如前文所述，在英國本土所展示的亞瑟王古蹟，基本都是晚近的。

凱爾特神話傳說中的亞瑟王故事，經過一千餘年的流傳，衍生出無數的版本，接下來，我們選擇最受歡迎的故事進行講述。

亞瑟王的故事中出現了許許多多位國王，簡直是一部古代版的世界大戰編年史。為了不讓讀者被徹底搞暈，我們先做一個煞風景的提示：在亞瑟所生的時代，誰擁有一大塊土地，誰即可被稱為王。

在這一大群的某某王中，凱爾特神話以「英格蘭全境之王」之類的頭銜，特別說明王位的等級。這也就是說，看起來很風光的某某王，其實不過是一位市長、甚至是鎮長而已……

1 凱爾特人的亞瑟王

按照凱爾特的神話傳說所述，英格蘭之王亞瑟出生於卡美洛城（Camelot），這座城市從不受邪惡魔法的侵犯，城中的廷塔傑爾城堡（Tintagel Castle）更是固若金湯。

「卡美洛」這個名字的意思是「上帝眷顧的眾生平等之地」，是一個沒有國界限制、沒有階級壓迫的完美世界。它的原型到底在哪裡無法確定，只是凱爾特神話堅持，這是一個真實存在之地。法國民間傳說認為卡美洛是英格蘭南部某地，還有些中世紀學者傾向卡美洛就是聖城耶路撒冷。

亞瑟父母的結合，在神話中主要有兩個版本。

其一是英格蘭的國王尤瑟．潘德拉貢英明神武，在他兄終弟及登上王位的前夜，大魔法師梅林現身在他面前，做出了一番預言：

「爵爺，你的兄長剛剛去世，你必須前往廷塔傑爾城堡登上王位。」

「一位好國王，在敵人大舉入侵時，決不能臨陣脫逃。你將會戰勝敵人，但必須不惜自己的生命。」

「請你注視這顆星星，看它預示了什麼？」

「你看到的從龍口裡吐出來的火焰，預示著你要添一個兒子，日後他將成為我們國家最著名的國王，在他的治理下，我們的王國將會更加強盛！」

為了紀念這次談話，尤瑟決定以龍作為自己的標誌，因此後來人們就稱他為「龍王」。成為國王的尤瑟，公正而嚴明地治理著國家，但他並不是一個太平天子，在英格蘭群島上，還有一位懷著不臣之心的康沃爾親王丁塔吉爾公爵伺機反叛。

經過一番較量後，尤瑟處決了公爵，並娶了公爵留下的寡婦伊格賴因（Igraine）為妻。伊格賴因輔佐著自己的二婚丈夫，兩人生下的長子便是亞瑟王。

亞瑟剛出生的時候，梅林忽然拜訪廷塔傑爾城堡。他向尤瑟提出當初現身啟示的報酬：由自己撫養小王子長大。於是國王夫婦愉快地接受了大魔法師的請求，微笑著看著梅林帶走了自己的兒子。

第二個版本的故事內容就比較不堪了……

一開始也是說國王尤瑟．潘德拉貢英明神武，但有一位大領主康沃爾親王丁塔吉爾公爵不承認他的王位而興兵作亂。兩人之間經常發生武裝衝突，最後尤瑟發兵包圍了丁塔吉爾公爵的城堡。

尤瑟是位賢明的君主，一開始還不想把事情做絕，所以打算與公爵進行和平談判。沒想到談判時他一見到金髮碧眼的丁塔吉爾公爵夫人伊格賴因，立刻陷入單相思的情網。

雖然他百般試探，伊格賴因始終對他嗤之以鼻。就在尤瑟抓耳撓腮之際，一位神祕的大魔法師梅林出現了。梅林許諾可以幫助尤瑟得到伊格賴因，條件是要讓自己撫養尤瑟與伊格賴因的兒子長大成人。

色迷心竅的尤瑟答應了梅林，於是他先引誘丁塔吉爾公爵出城作戰，又在魔法的作用下，變成公爵的模樣潛入城堡，順利地與伊格賴因春宵一度。

就在這一夜，丁塔吉爾公爵死於亂軍之中。於是尤瑟王平定亂事同時，順便也將懷有身孕的伊格賴因娶回家做了王后。

亞瑟出生之後，梅林如約而至要帶走孩子。尤瑟王履行了承諾，從此襁褓中的亞瑟離開廷塔傑爾城堡，隨著梅林消失在遠方。

這兩個版本的故事內容在尤瑟國王的形象塑造上有著差異，但都指出了亞瑟王的父母血脈。除此之外還有很多其他版本，例如宣稱伊格賴因未嫁時便與尤瑟私通珠胎暗結，嫁給丁塔吉爾公爵後，把私生子亞瑟交由梅林送往民間撫養云云，本書略過不提。

雖然尤瑟在娶妻生子這件事上比較另類，但他臨終時的宣言卻很有王者氣概。就在梅林將亞瑟帶走交給騎士艾克特撫養後不久，尤瑟便因病去世了。他去世前，梅林再度出現，詢問是否讓亞瑟繼承王位。

尤瑟光明磊落擲地有聲地說：「在我死後，他應該正大光明，而又受人愛戴地取得王位。」

尤瑟的遺命看似嚴苛，其實飽含了父親對兒子的關愛保護之情。卡美洛城雖然有著上帝眷顧之地的美譽，英格蘭的貴族卻奉行著弱肉強食的叢林法則。年幼的亞瑟雖然暫時無法達到父親的繼位要求，卻也逃開了被覬覦王權者謀害的危險。

尤瑟去世後，英格蘭陷入權力真空，島上的大小某某王各自割據一方。

十二年過去了，亞瑟在養父、騎士艾克特家中茁壯成長，並成為一名騎士隨從。他從母親那裡繼承了美麗的金髮碧眼和動聽的嗓音，這個清秀少年顯然能夠輕易獲得少女的垂青。

亞瑟恪守騎士精神，善良、正直、仁愛、忠誠、有禮，雖然當時貴族青年必須年滿二十一歲才能受封為騎士，但少年亞瑟已經充分表現出策劃計謀和制定作戰方案的戰士本能，並不亞於任何一位有名望的騎士。

英格蘭的形勢已經到了紛亂不堪的地步，群龍無首的狀況滋生出許許多多的野心家，那些有頭有臉的某某王，都在盤算要如何給自己加上「英格蘭全境之王」稱號。

就在此時，石中劍出現了。

某個耶誕節前夕，正當教堂中的人們參加彌撒時，一把寶劍從天而降，插在教堂墓園的一塊四方石頭上。劍身刻著一行銘文：拔出此石中劍者，即為英格蘭全境之王。

這時候大法師梅林忽然出現在英格蘭大主教面前，他建議大主教召集所有的貴族騎士，讓大家都去試試誰能拔出這把石中劍來。

既有上帝顯聖、又有大法師和大主教背書，這種好事豈能錯過？在場的人們紛紛興高采烈地去一試身手，結果大家使出吃奶的勁，也沒有一個人能將其拔出。

無奈之下，大主教命人選出十位德高望重的騎士看守此劍，並商議該怎麼辦。大夥嘟囔來嘟囔去，最後這幫武夫達成了一致意見：既然誰也拔不出來，那乾脆看誰力氣大，來個比武選王吧！

新年伊始，全英格蘭的騎士像趕集一樣湧來。其中就有騎士艾克特的兒子凱，以及他的隨從亞瑟。凱是位缺乏經驗的年輕騎士，顯然他來到這裡更是基於不落人後。

當凱帶著亞瑟進入比武會場，才發現了一個戰術性的小問題：別人都在檢查坐騎和武器，而他倆出門時太迷糊，把比武用的劍給忘在家裡了！

這下凱可慌了，因為一個騎士空手上陣會成為整個英格蘭的笑話。亞瑟奉命火速騎馬趕回家裡取劍，可他遇到了大門深鎖，原來全家人都跑去看比武了，連個看門的都沒有剩下！

眼看比武時辰已到，亞瑟情急之下跑到教堂的墓園，打算試試能不能把石中劍拔下來拿給凱用。正好守護石中劍的騎士都跑去參加比武了，周圍一個人都沒有。於是他就來到那石塊前，大咧咧拔出石中劍拿去交給了凱——「您暫時用這個替代品湊合一下如何？」

亞瑟拔出石中劍

這下比武也不用搞了，大家在震驚之餘把劍插回石頭裡反覆嘗試，結果除亞瑟之外無人能將其拔出。沒人知道這毛頭小子是尤瑟王的孩子，所以頗有些貴族騎士心有不甘。這時梅林及時出現，並當眾披露亞瑟的身世，於是大家不得不呼啦啦跪倒一片向新國王亞瑟宣誓效忠。

要說這不是梅林用魔法在搞鬼，簡直是侮辱讀者們的智商。但不管怎樣，烏鴉變成了鳳凰，少年騎士隨從亞瑟一躍成為英格蘭全境之王。

亞瑟在執政初期過得比較艱辛，大貴族心裡對這位憑空蹦出來的新國王是拒絕的。他們遲遲不肯表態支持國王，甚至不承認國王。但底層百姓是很信石中劍這一套把戲的，大夥覺得，既然上帝在教堂裡賦予亞瑟王權力，那麼他必定就是英格蘭全境之王，還會是整個不列顛之王。

年輕的亞瑟王在偉大的人生導師梅林教導下，以種種令百姓喜聞樂見的手段，樹立起自己的英雄形象，並招攬了一批效忠於自己的年輕騎士。很快地，亞瑟王就建立起了一個繁盛的王國，英格蘭迎來了空前的統一和強大。

話雖這麼說，但年輕的亞瑟王還是闖過不少禍。從某種意義上來說，這位金髮少年也是一個戴王冠的毛躁小子。就拿石中劍來說，這把將亞瑟王送上王位的寶劍就毀在他自己手中。

騎士之間講究比武，而且不通報姓名的匿名比武是很有規矩的。在比武前，大夥約定要使用的武器，不能由著性子亂來壞了規矩。

亞瑟王有一次卯上了伯林諾王，當時伯林諾王反覆申明不用劍只用長槍。結果前兩次二人平分秋色，第三回合亞瑟王被挑落馬下。儘管伯林諾王一再強調，他不願比試劍法，不肯服輸的亞瑟王還是惱羞成怒地拔出佩劍，結果在搏鬥中，神聖的石中劍被伯林諾王一劍劈成了廢鐵。

伯林諾王得知他的對手是亞瑟王時大為驚慌，他擔心事後遭到報復，便打算殺了這位國王以絕後患，幸虧萬能的梅林出面用魔法救出了亞瑟。亞瑟很納悶自己那把神劍怎麼會損壞，梅林一本正經地教訓他：你破壞了騎士精神，還指望上帝的神劍能幫你嗎？

劍對於騎士尤為重要，更別說這位騎士還是國王。按說亞瑟王找把新劍是很容易的，但英雄人物豈能佩戴凡夫俗子的武器？於是梅林帶著亞瑟王來到聖湖湖畔，湖中仙女手握一柄寶劍贈予亞瑟王，這把寶劍是在精靈國度阿瓦隆（Avalon）打造的，並因其鋒利無比削鐵如泥，所以在凱爾特語中被稱為「斷鋼」，俗稱「湖中劍」。

在湖畔，梅林問亞瑟王：「你喜歡劍身還是劍鞘？」

亞瑟王答道：「劍身，因為它無比鋒利。」

梅林說：「你要知道，劍鞘的價值是劍身的十倍。佩戴王者之劍的劍鞘，你將永不流血，因此要保護好劍鞘，隨身攜帶。」

吸取教訓後的亞瑟王娶了貌美無雙的格溫娜維爾做王后，這是他幫助蘇格蘭抵禦愛爾蘭入侵而得到的報答。除了新娘子之外，亞瑟王還從岳父那裡得到了一張大圓桌作為禮物。亞瑟王和他的騎士們圍坐在圓桌旁商議要事，處理國政。雖然他們也會因為政見歧異形成一些派系，但在圓桌上每個人都可以自由發言，

亞瑟王

亞瑟王妻子格溫娜維爾

沒有地位差異和君臣之別。

這就是溫徹斯特城那面不太可靠的大圓桌之來歷，亞瑟王傳說中的許多騎士都是圓桌騎士團的成員。在這張富有傳奇色彩的圓桌上，發生了許許多多的故事，其中就包括尋找聖杯。

亞瑟王和他的騎士共打天下、共治天下，當時的不列顛群島先是被羅馬帝國奴役，後又面臨著撒克遜人的大舉入侵。亞瑟王和圓桌騎士率領人民奮起反抗，通過十二次戰役，將撒克遜人驅逐出不列顛群島，最終在巴頓山之役一舉擊潰敵軍，亞瑟王手刃敵軍九百六十人之多，從此不列顛得到了一段彌足珍貴的和平時期。

亞瑟王統治下的黃金時期開始了，此時的亞瑟王已經是一個沉穩的成年人了。隨著時間的推移，亞瑟王的領土不斷擴大，他甚至挺進歐洲內陸，擊敗了羅馬帝國皇帝盧修斯。之後，亞瑟王的興趣開始轉移到尋找傳說中的寶藏上。他手下的騎士們或出於受命或出於自願，相繼離開都城卡美洛去尋找傳說中的聖杯，這些人大都有去無回。就這樣，圓桌上的騎士越來越少，強大的帝國開始走下坡路。

亞瑟王無視這潛在的危機，他在完成安邦定國的使命後很少參與戰事，偶有出征任務都交給自己手下的高文（Gawain）和蘭斯洛特這兩位英雄騎士。和平時期的亞瑟王頻頻出席並主持境內的節日慶典和比武大會，儼然已是一位太平天子的模樣。整個不列顛的天是晴朗的天，凱爾特的人民好喜歡。但是當外敵肅清平靜詳和之時，亞瑟的宮廷內部卻醞釀著危機。

亞瑟王刀槍入庫、馬放南山的日子沒過多久，盤踞在蘇格蘭奧克尼群島的路特王開始蠢蠢欲動了。這位路特王是個曾設計降服了兩條龍的狠角色，身上有北歐海盜的血統，自然天生反骨不是善茬。他聯絡了十二路反王一起發難，打算把亞瑟拉下寶座。

亞瑟王聯合兩位英勇善戰的國王出兵鎮壓叛亂，這兩位分別是班王和伯林諾王，他倆各有一個兒子在亞瑟王的圓桌騎士團效力，那就是戰無不勝的蘭斯洛特和曾尋找聖杯的珀西瓦爾（Perceval）。

眼見十二路反王被鎮壓了十一路，獨木難支的路特王趕緊派遣自己的王后摩根（Morgan）去卡美洛城覲見亞瑟表示臣服。這位摩根的身世，在不同的凱爾特文化分支中差異巨大，以法國中世紀傳說為藍本的話，那麼她是來自阿瓦隆島的仙女，生得十分秀麗，同時還是丁塔吉爾公爵與伊格賴因的女兒，也就是亞瑟王的同母異父姐姐，但亞瑟王本人並不知道這一點。

法國民間傳說認為摩根是個邪惡的仙女，為了誘惑亞瑟並毀滅他的王國，她用法術將自己變成格溫娜維爾，在與亞瑟共度春宵後帶著腹中亞瑟的骨肉離開。

不過也有其他的凱爾特傳說認為，亞瑟被摩根的美貌誘惑，出軌與摩根有了苟且之事。他們之間沒有血緣關係，也並沒有什麼易容誘惑之事。

總之，亞瑟王與摩根發生了關係，並讓摩根懷上了自己的骨肉，最重要的是被格溫娜維爾發現了！格溫娜維爾為了報復亞瑟王，也為了心中早就隱藏的對蘭斯洛特的情愫，索性也接受了蘭斯洛特的追求。

當梅林察覺摩根與亞瑟的不倫之戀時，摩根早已返回了奧克尼。梅林預言，摩根腹中的私生子必將毀滅亞瑟王朝，亞瑟王大為懊悔。為了消除隱患，他下令將整個不列顛的新生男嬰都放在木船上令其隨波漂走。木船觸礁沉沒後，淹死了絕大部分孩子，唯有一個男孩躺在一塊船板上漂回岸邊。亞瑟王認為這是上帝的旨意，便將這個叫作莫德雷德（Mordred）的孩子帶回身邊養育。這個孩子正是他和摩根的私生子，莫德雷德長大後還加入了圓桌騎士團。

另一方面，在摩根的策劃下，亞瑟王終於發現自己手下排位第一的騎士居然與自己的老婆有染！蘭斯洛特為了拯救情人而與圓桌騎士團的兄弟們互相殘殺，後來又帶著格溫娜維爾逃往法國，建立了自己的王國對抗亞瑟王。

咽不下這口氣的亞瑟王憤而御駕親征，捉拿蘭斯洛特與格溫娜維爾，就在他離開不列顛後，莫德雷德立刻發動叛亂篡奪王位。亞瑟王匆匆返回英格蘭，在卡姆蘭河谷中與自己的兒子大戰一場。這場戰鬥被稱為「基督的土地上最悲慘的戰役」，亞瑟王「把昔日臣服於己的騎士們一個一個地砍倒，讓鐵蹄踐踏在曾經全力守護的國土之上」。

這場戰役造成十萬人死亡，圓桌騎士團全軍覆滅。由於摩根事先唆使叛徒盜走了保護亞瑟王的湖中劍之劍鞘，所以亞瑟徹底變成了肉體凡胎。他在殺死莫德雷德的同時，也被對方刺中要害。

彌留之際，亞瑟王吩咐守在自己身邊最後一個倖存的騎士貝德維爾（Bedivere），將湖中劍還給了湖神。貝德維爾知道捨棄王者之劍即表示王將逝去，他兩次去到湖邊都未能下定決心，但亞瑟王堅持要求他歸還神劍。於是貝德維爾第三次走到湖邊，將王者之劍投向湖心，湖中仙女接住劍柄將其帶入湖底。

貝德維爾回報所見後，亞瑟王與世長辭。貝德維爾埋葬了自己的主人。亞瑟王的墓碑上鐫刻著：永恆之王亞瑟長眠於此。

亞瑟王傳說至此結束，但凱爾特人堅信亞瑟其實是被阿瓦隆仙島上的四位仙女接走，其中一位正是其姐姐摩根。直到今天，英格蘭的民間傳說仍然認為，亞瑟王有朝一日會重返世間，統治大不列顛。

一四八五年，英國「玫瑰戰爭」結束，亨利七世建立都鐸王朝。他雖然是亞瑟王當初抵禦的撒克遜人後裔，卻無限緬懷亞瑟王的偉業。為了紀念亞瑟王，同時期盼亞瑟歸來重振英格蘭雄風，他為新生的兒子取名為亞瑟，並在溫徹斯特掛起一面巨大的圓桌，上書二十四位著名圓桌騎士之名，這也正是溫徹斯特城堡裡高掛的大圓桌之真實來歷。

2 亞瑟王的歷史蹤跡

前面講述了神話中的亞瑟王，那麼究竟能不能從歷史的脈絡中找出他的原型呢？由於凱爾特文化特有的口頭傳承和燒毀典籍的習慣，外加缺乏考古學證據，使得不列顛中古時代之前的史實難以準確考證。

西元八〇〇年左右，威爾斯的基督教修士撰寫了一本《布立吞人的歷史》，書中首次記載了「亞瑟」這個名字，講述亞瑟生在西元四、五世紀前後的中古時代，他領導布立吞人趕走了統治數百年的羅馬帝國殖民者，後來又驅逐了侵略的撒克遜人，建立了一個強大的大英格蘭王國。

這本歌頌亞瑟王豐功偉績的書，言之鑿鑿地肯定存在過一位叫亞瑟的古英格蘭王，很多亞瑟王傳說的研究者選擇從這本書入手尋找亞瑟的蹤跡，將一個個潛在的「亞瑟王」逐一進行細查。但這本書記載的事蹟含糊而不可考，只能說是一本中世紀早期諸多歐洲君王傳說的集大成。

如果我們集中在亞瑟王的軍事成就，那麼倒是可以將篩選範圍縮小到西元四一〇年，羅馬帝國撤離不列顛後崛起的本土將領或部落領袖，在其後百餘年時間，凱爾特民族的確反覆挫敗來自歐洲大陸的撒克遜侵略者，但由於缺乏信史，也只能到此為止了。

那麼按照姓名追尋是否可行呢？有研究者發現，亞瑟這個名字源於一個古羅馬姓氏：阿托利斯。根據古羅馬帝國遺留的史料，西元二世紀晚期的英格蘭島，曾有一個叫作盧卡斯·阿托利斯·卡斯特斯的羅馬帝國紅衣主教，這位主教曾經成功地說服了遊蕩在歐陸的遊牧民族領袖，讓這些蠻族騎兵登島擊敗了蘇格蘭的皮克特人和凱爾特人部落，保護了岌岌可危的古羅馬哈德良長城和英格蘭殖民地。

接下來，盧卡斯主教又召集這支遊牧民族騎兵，一起前往今天法國西北部的高盧行省阿莫里凱地區，擊敗了高盧部落發動的起義。這些「以夷制夷」的豐功偉績，使他被帝國皇帝賜予公爵頭銜，這也是亞瑟王在傳說中獲得的第一個頭銜——如果這位盧卡斯就是亞瑟王的原型，凱爾特神話中的英雄，竟然是靠鎮壓凱爾特人起家的……

如果按照亞瑟王進軍歐洲大陸征服羅馬帝國這一線索進行追尋的話，也能發現兩個潛在的候選人。其一是羅馬帝國的馬克西穆斯將軍，這位軍閥在不列顛起家，他手下的士兵都是從不列顛群島徵召的凱爾特人。

西元三八三年，馬克西穆斯從不列顛入侵高盧行省的阿莫里凱，居住在巴黎的西羅馬皇帝格拉提安被自己的禁衛軍拋棄，結果在逃往里昂的路上被叛軍捉住殺死。篡位者馬克西穆斯自立為羅馬皇帝，五年後被東羅馬皇帝狄奧多西一世擊敗殺死。

還有一位是五世紀初期駐守不列顛的安布羅修斯·奧勒利安將軍，他指揮麾下軍隊多次擊敗撒克遜入侵者，這一點與亞瑟王的功績非常符合。更有利的一點在於，這位將軍雖然有著羅馬式名字，但他卻是布立吞人的後裔，出身於正宗的凱爾特民族。

奧勒利安屬於羅馬化的凱爾特貴族，過著羅馬式的生活，同時也統治自己部下的凱爾特人為帝國服務。在亞瑟王傳說中也有一位奧勒利安，在不同版本的傳說中他是梅林的父親，或者是亞瑟王的叔叔。從各方面來分析，這位將軍最接近早期亞瑟王的原型，亞瑟王應該是在他身上疊加了典型人物故事後，演化出的神話形象。

除此之外，還有一位傳奇人物很可能是晚期亞瑟王形象的原型，他就是五世紀中期的凱爾特軍事領袖利奧薩姆斯。利奧薩姆斯作為不列顛國王，率軍與入侵的撒克遜人反覆血戰，最後由於

死去的亞瑟王被仙女們接回阿瓦隆島

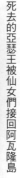

被親信出賣兵敗被殺，死後被譽為「不列顛至高無上之王」。

利奧薩姆斯的失敗經歷與亞瑟王之死驚人相似，出賣並重傷他的人叫作阿爾萬德斯，而早期的亞瑟王傳說中，叛徒名字是摩萬德斯，後來才逐漸演變成莫德雷德。利奧薩姆斯重傷兵敗後，率眾退到勃良艮的阿瓦隆等待援軍，但援軍沒有及時趕到，他也在那裡去世。傳說中亞瑟王傷重不治歸還湖中劍後，也是被四位仙女接到神祕的阿瓦隆島。而在亞瑟王與叛徒莫德雷德決戰時，蘭斯洛特出於私怨，沒有及時率領援軍去解救自己的國王，最終導致亞瑟遇害。

3 亞瑟王的神奇旅程

亞瑟王無疑是很多英雄首領故事的複合體，但自中世紀以來，洶湧的民間熱情，一直認為亞瑟王是個真實存在、有血有肉的聖徒，而歷代關於亞瑟王和圓桌騎士的騎士文學作品，更起到推波助瀾的作用。

在漫長的中世紀，亞瑟王的形象出現在各種繪畫、雕塑和文學作品中。即使是在宗教裁判所大行其道的恐怖年代，歌頌帶有些許異教嫌疑的亞瑟王也是安全的。歐洲不同國家和民族都有自己鍾情的那一部分亞瑟王傳奇，不列顛島上的凱爾特人熱衷於那些關於神奇魔法的描述；義大利和法國的吟遊詩人則在騎士們的傳奇故事裡，添加許多借古諷今的幽默段子。這兩個國家的宮廷和市井文化，對於亞瑟王朝的宮闈祕史格外感興趣，以至於自行創造出亞瑟與姐姐的風流韻事；至於西班牙和德意志地區的老百姓，更欣賞由口沫橫飛的神父宣講關於聖杯的虔誠故事。

正像魯迅評論《紅樓夢》時所說的：「一部紅樓夢，道學家看到了淫，經學家看到了易，才子佳人看到了纏綿，革命家看到了排滿，流言家看到了宮闈祕事。」不同文化背景的人，對亞瑟王傳說進行不同的創作加工，一方面大大豐富了亞瑟王傳說的故事內容，另一方面也造成各種版本的神話之間的矛盾衝突。

歐洲文學界的亞瑟王熱潮，始於一一三〇年代出版的拉丁文編年史小說《不列顛諸王記》（*Historia Regum Britanniae*），作者自稱為「蒙茅斯之傑佛瑞」（Geoffrey of Monmouth）。此書是凱爾特神話集大成者，記錄了從古不列顛王國到盎格魯—撒克遜人征服不列顛群島之間，兩千餘年的歷史，亞瑟王傳說是這本書中最大的亮點。正是由於活靈活現的英雄傳奇，這本書才得以迅速風靡整個歐洲大陸，並點燃了騎士文學的熱潮。

這本書中出現了如尤瑟王、康沃爾親王丁塔吉爾公爵、公爵夫人伊格賴因、亞瑟王、梅林、莫德雷德和貝德維爾等經典人物形象，但圓桌騎士和聖杯故事中出現的更多人物，如仙女摩根、路特王等等，都是後來法國和威爾斯等地作家塑造出來的。

其中法國詩人特洛瓦之克里田（Chretien de Troyes）[1]創作了關於聖杯主題的五部傳奇小說，這些小說中的主人公是尋找聖杯的英雄騎士們，亞瑟王本身反而成為配角，也正是因為有了這些小說，圓桌騎士們的形象才變得豐富生動起來。

英格蘭作家湯瑪斯・馬洛禮（Thomas Malory）用英文寫的《亞瑟王之死》（*Le Morte d'Arthur: King Arthur and the Knights of the Round Table*），是中世紀最後一本關於亞瑟的作品，這部作品以散文體寫成，馬洛禮承認，該書內容是編譯自一系列法文作品而成。這部作品為亞瑟王傳說構築起延續至今的主要脈絡：亞瑟的誕生與興起、亞瑟王與羅馬人之間的戰爭、蘭斯洛特、聖杯、王后格溫娜維爾的婚外私情、亞瑟王之死等等。

雖然有賽凡提斯的《堂・吉訶德》這類唱反調的諷刺性名著「作梗」，歐洲人對騎士文化作品的癡迷經久不衰。到了維多利亞時期，亞瑟王題材再度火爆流行，丁尼生的《亞瑟王之牧歌》和懷特《永恆之王》都是傳誦一時的經典之作。

關於亞瑟王傳說的文藝作品，大多數都讚美了這位國王正直機智的作風，和追求公正社會的美好夢想，亞瑟的不列顛王國是符合古典定義、完美無缺的理想國，雖然這個王國曇花一現、很快毀於戰火，但亞瑟仍然是人們心目中天賜予不列顛的永恆之王。

1 直譯其名為「來自特洛瓦的基督徒」，這個名字相當於今日作家所使用的「無名氏」，他是公認的亞瑟王傳奇之父，為香檳王朝（Countess of Champagne，九五〇－一三一六）的朝臣或宮廷所培養贊助的詩人。更多細節參考第三節之2《囚車裡的騎士》。

第二節　大法師梅林

提起梅林這個名字，恐怕大家都不會太陌生。雖然他不是源自東方的形象，可作為外來明星也早已名揚亞洲各地。

在現代沒讀過《哈利波特》系列小說的人可能有，但完全沒聽說過它的麻瓜應該不多。在《哈利波特》的世界裡，不時能聽到「以梅林之名」而發出的誓言、釋放的魔法或表白的情義。

包括《哈利波特》在內，西方流行的諸多關於魔法世界的文藝作品中，所有的梅林都指向同一位人物，他就是亞瑟王的摯友和導師，是身世最為神祕的德魯伊大法師。

1 叢林裡的瘋子

在九世紀初成書的《不列顛史》中，記載了一位威爾斯宮廷中的官吏米爾蒂恩（凱爾特文：Myrddin Wyllt，又名Merlinus Caledonensis），在戰爭中自己效忠的勢力遭受毀滅，因此而選擇隱居山林。

這位失意的隱者米爾蒂恩，與其他傳說人物在德魯伊祭司們的記憶中融合起來，逐漸變成中世紀早期威爾斯民間傳說中的人物。生活在加里東山林裡的神祕吟遊詩人，或德魯伊祭司梅林（按照古代威爾斯發音更傾向於「梅林」），因為恐懼戰爭而精神失常，能夠變身動物與飛禽走獸交流，並留下了許多晦澀難懂的神祕預言。為了紀念這位吟遊詩人，中世紀的威爾斯人民尊敬地編撰了一部民間神話故事集，並取名為《叢林裡的瘋子》。

在《不列顛諸王記》中，梅林是一位偉大的預言家。他是凱爾特版本的諾查丹瑪斯（Nostradamus），但奇怪的是，以他之名流傳下來的預言卻都來自《聖經．舊約》，從這裡可窺見凱爾特傳說逐步受基督教同化的過程。

到了西元一二〇〇年前後，法國作家羅貝爾．德．伯隆（Robert de Boron）成為梅林形象的最重要塑造者和推手。這位綽號「酒鬼伯隆」的羅貝爾，是堅定的基督教徒和狂熱的騎士文化粉絲，在他創作的詩歌中充斥著梅林、聖杯、圓桌騎士和亞瑟王等元素。雖然時評譏諷他是個「虔誠信徒和庸才作者」，但不可否認的是，正是通過這位酒鬼的鵝毛筆，關於梅林和聖杯的神話體系才得以確立。

伯隆可謂梅林之父，但需要注意的是，他剝離了梅林身上的大部分凱爾特傳統文化氣息，強行給威爾斯神話中的土著孩子進行了基督教文化洗禮。通過伯隆的改造後，梅林從一個瘋瘋癲癲的吟遊詩人，華麗變身為教會培養出的資深學者和預言家。

也正是通過這種改造，異教文化出身的梅林能夠被中世紀時代的基督教會接受，梅林新出身中的教會背景，和他引導正義騎士追尋聖杯的故事，使得歐洲各地的神父激情萬丈地向自己的信眾講述這位智者的故事，繼而將梅林這個偉大魔法師的傳說推廣到整個西方世界。

2 地下湖中的龍

在羅貝爾的騎士故事中，梅林有一個非常另類的出身：他是修女梅麗絲被夢魘惡魔強暴後的產物。惡魔之王撒旦試圖令梅林作為一個偽教徒，在基督教會內部生根發芽，為末日之戰中對抗耶穌做準備。神父布萊茲瞭解實情後，決定破壞惡魔的陰謀，他憑藉自己毫無保留的虔誠信念，將新生的梅林浸入聖水中進行洗禮，成功地解開了惡魔父親對這個嬰兒的影響，給了他一顆善良純潔的心靈，並且讓這孩子因離奇的身世，擁有了預知未來的超人能力。

酒鬼伯隆為梅林設計的身世略為重口味，有些人不以為然，認為智者不應該擁有如此不堪的來歷。所以後世不乏試圖為梅林洗白出身。在流傳至今的故事中，還有梅林是大地女神和精靈王的後人、梅林是精靈與少女的愛情結晶等不同版本，流傳最廣的依然還是羅貝爾版的故事。

關於梅林的成長經歷，不同版本都與威爾斯神話保持了一致。

在梅林還是孩童的時候，亞瑟王的祖父、不列顛國王沃蒂根，打算在威爾斯的土地上修建一座塔樓，可沒想到地基不穩，隨建隨塌。沃蒂根向他的皇家魔法師尋求應對的方法，結果得到一個血腥的解決方案：要在修建塔的石灰中，加入一個孩子的鮮血，但是這個孩子的父親不能是凡人。

很顯然，這答案就是為七歲的梅林量身打造的。沃蒂根的手下很快找到了梅林，並把這個將被送上祭台的小可憐帶到國王面前。就在這時，年幼的梅林在苦惱的國王面前展現神跡。他告訴國王，地基不穩是有兩條巨龍正在塔樓下的地下湖泊中休眠所致。

沃蒂根半信半疑地下令挖掘，果然在地基下挖出了湖水。抽乾湖水之後，兩條巨龍正如梅林所言，臥在巨石上沉睡！被驚醒的巨龍騰空而去，梅林向呆若木雞的沃蒂根解釋說，這兩條龍象徵著撒克遜人與威爾斯人的國運，紅色的代表威爾斯，白色的代表撒克遜。總有一天紅龍會戰勝白龍，那天就是威爾斯人征服撒克遜人之日。

一四八五年十月卅日，有威爾斯血統的亨利七世推翻理查三世登上英王王位，開創都鐸王朝，此事被認為是梅林預言成真的例子。

當然，沃蒂根國王看不到那麼久遠之後的未來，年事已

不同作品中的梅林形象

高的他，迫切需要解決的是更現實的問題：如何在自己的孩子中挑選繼承人。梅林抓住了這個機會，他預言如果把王位傳給尤瑟王子，就可以擊退撒克遜人的進攻，保衛國家。

於是，不久後梅林成為沃蒂根國王的繼任者尤瑟王的國師。

在亞瑟出生之前的梅林故事中，我們知道這位法師從來不以一種面目見人，他經常用法術變化成不同面貌來與外界接觸，其中最常用的形象是閃爍著深邃目光的老人。在閒暇時刻，他喜歡在森林中變身成動物和鳥獸對話，並觀望星象，占卜未來。

當然，梅林也偶爾製造一兩件造成轟動的大新聞。有一次國王希望修建一座大型紀念碑，被相中的是愛爾蘭島上的巨石。這些被稱為「巨人的舞蹈」的大石頭是人力無法移動的，但梅林施展魔法，將它們瞬間轉移到英格蘭的索爾茲伯里平原。事實上，這些巨石陣早於梅林所處時代三千年前就已經待在那裡了，但這並沒有影響到梅林粉絲們的熱情。

梅林對尤瑟王的重要性，我們已經在亞瑟王的篇章中有所描述。在威爾斯傳說中，梅林也曾對尤瑟王預言過亞瑟的出生和他繼承王位的事情。看來梅林日後為尤瑟王和伊格賴因「牽媒拉線」的舉動，也是他亞瑟養成計畫的一部分……

先前提到，梅林幫助尤瑟王得到伊格賴因，前提就是要帶走他們的兒子進行教養，而亞瑟王也的確是在自己的親生父母結婚前孕育的，按照歐洲傳統來理解，他是不確定有繼承權的非婚生子。

據說梅林在答應幫助尤瑟王之前，已經明確提醒過他會造成某種「不當後果」，顯然他已經預知這位國王會有一個不太合法的繼承人。正因為如此，尤瑟王才會同意梅林帶走自己的兒子——說不定馬上又能和王后再生一個合法繼承人呢！

沒想到人算不如天算，尤瑟王最終還是只有亞瑟這個獨子，又因為臨終前亞瑟不在他身邊，於是英格蘭的王位空懸多年。

在伯隆的《梅林》中，石中劍是被尤瑟王插入巨石上的鐵砧之中，尤瑟王還下令在神劍上刻下如此的銘文：「無論何人，只要能將此劍從這塊巨石上的鐵砧中拔出，他就是英格蘭的合法國王。」尤瑟王本身並不是具有魔力之人，也不是天賦異稟的大力士，可他插上去的劍硬是誰都拔不出來！偏偏等到亞瑟長大後，跑過來隨隨便便一試就拔出來了——這顯然是梅林事先與尤瑟王商量好以魔法作弊的把戲。

為了堵住眾人的悠悠之口，梅林又安排年少的亞瑟逢年過節就如此演示一番，於是每逢聖燭節、

梅林常以老人面目示人

耶誕節、復活節等重大節日，亞瑟都要召集王公大臣貴族騎士們一次次地表演拔劍出石的情景劇。幾次三番下來，等到大家對這種套路無力駁斥以後，亞瑟終於得以在聖靈降臨節那一天加冕為王。

3 墜入愛情陷阱

酒鬼伯隆筆下的梅林，是為亞瑟王而生的專業男配角，他無所不能的魔力和無所不知的預知，造就了一個幾乎完美的魔法師形象。但梅林終歸還是有七情六欲的肉體凡胎，他擁有不平凡的出身，不平凡的能力，卻沒能掌控一段不平凡的愛情。

就在亞瑟王損毀了自己的石中劍之後，梅林帶著這位失意的少年國王從湖中仙女薇薇安（Viviane）手裡得到湖中劍。在這一神奇事件後，亞瑟王認定梅林是自己的人生導師和首席謀士。而也正是由於與薇薇安的交往，使得一向睿智的梅林陷入了情網……

在不同版本的傳說中，薇薇安有時也被稱作尼繆埃、妮穆、妮妮安等等，她的身分時而是湖中仙女，時而是湖畔女巫，但總體而言，是個住在聖湖附近的美貌魔女。

梅林對薇薇安一往情深，但薇薇安並不喜歡他。在酒鬼伯隆的筆下，薇薇安非常反感梅林的求愛糾纏，竟然將梅林釘死在橡樹上。雖然作者竭力剝去了梅林的異教文化氣息，但死在橡樹上這一點，倒是非常符合梅林最初德魯伊身分的文化符號。

後來流傳的版本改了情節，梅林被釘在橡樹上或是墓碑上，抑或是困在巨石墳墓中無法脫身，至少給梅林留下了些許活命的可能性。

薇薇安為何對自己的追求者如此痛恨呢？伯隆的詩歌並沒有給出詳盡的答案。在後世的文學作品中，很多作者注意到這個漏洞，並施展才華加以填補。

在《蘭斯洛特的聖杯》故事中，薇薇安是個流浪的女獵人，梅林發現她後，推薦她到亞瑟宮廷中生活，並開始瘋狂地追求她。薇薇安擔心與梅林結合會生出帶有惡魔血液的孩子，因此欺騙梅林，她在學會梅林全部的本領前不會接受他的感情，於是梅林將平生所學都教給了心上人。在掌握強大魔力後，薇薇安將梅林誘入古代情侶合葬的墓穴中，將其永久禁錮在古墓裡面。

梅林也擁有七情六欲，也會被愛情誘惑

還有另外的版本宣稱，薇薇安與亞瑟王的姐姐摩根都是梅林的弟子，梅林與薇薇安相戀後又移情摩根，這才讓薇薇安由愛生恨，痛下殺手結束了這段師生孽緣……

不管怎麼說，梅林最終還是與亞瑟王一起淡出了神話舞臺。據說如果亞瑟王重返人間的話，他那位忠誠的守護者梅林也會自地下重生，繼續輔佐自己偉大的君王。

第三節　湖邊騎士蘭斯洛特

本章開篇時我們曾經提到，亞瑟王傳奇中有一位人物後來出現在撲克牌上。他就是梅花J——湖邊騎士蘭斯洛特。

作為圓桌騎士中武功最出色的一位，蘭斯洛特身上承載著無數傳奇，他是一個天生吸引聚光燈的角色，就算是亞瑟王與他同場出演，也會黯然失色。

蘭斯洛特這個形象是十二世紀晚期才被法國人創作出來的，尤其是在作家特洛瓦之克里田筆下，蘭斯洛特成為一個英俊瀟灑、善解風情、彬彬有禮的翩翩君子。

這個上門踢館的角色，成功地躋身於亞瑟王傳說之中，圓桌騎士團因蘭斯洛特的不朽功績而興盛，也因他與格溫娜維爾的不倫之戀而崩潰，這個功過是非都無比突出的英雄，為亞瑟王傳說增添了無數戲份。

蘭斯洛特作為亞瑟王傳說中，武功最高、性格最浪漫、個性最鮮明的一個角色，也許《三國演義》裡面的呂布和他有一點點相像。

1 湖上的蘭斯洛特

蘭斯洛特的故事有一個悲傷的開頭。

在中世紀的法國民間傳說中，有所謂班努瓦克或者是布林熱斯、博恩、巴約納這個地方，大概位於今天法國的巴斯克地區。班努瓦爾的國王叫班恩，祖上帶有耶穌門徒約瑟的高貴血脈。在偉大祖先靈魂的感召下，班恩曾經加入亞瑟王麾下，為建立一個偉大的英格蘭王國立下功勳。

只可惜班恩天命不永，他在王后伊萊恩（Elaine）生下兒子後不久就去世了。還沒等可憐的王后緩過神來，她剛生下不久的兒子也被偷走了！

拐走孩子的罪犯是住在聖湖邊上的仙女薇薇安。這個美麗又可怕的仙女，將年幼的蘭斯洛特交給他的叔叔鮑斯爵士撫養，等他長大成人之後，薇薇安又為蘭斯洛特置辦了全套的武器鎧甲駿馬盾牌和大量的魔法寶物，讓他去殺死自己的敵人建立功勳。

有另一個比較浪漫的版本，就是蘭斯洛特出生後被丟棄在聖湖湖畔某處，薇薇安和她的女伴發現這個孩子並將其撫養長大，於是蘭斯洛特也被稱為「湖邊騎士」或「湖上的蘭斯洛特」。

正如亞瑟王傳說中所有的英雄，蘭斯洛特的故事也有許許多多的分支版本，我們無法一一細究，只要梳理出大致的脈絡即可。

靠著神經兮兮的仙女養母兼保護人的庇護，蘭斯洛特殺死了每一個不識好歹向自己發起挑戰的冒失鬼。

這個少年很懂得深藏功與名，他一直過著隱姓埋名的生活，還很喜歡冒那些已經成名的圓桌騎士之名參加決鬥——因為他還沒有受封為騎士，實際上沒資格參加正規的騎士比武。幸虧他的每一場戰鬥都獲得了勝利，不辱正牌騎士的名譽。

作為圓桌騎士中最為浪漫的一員，蘭斯洛特的生命中從不缺乏女人，就連仙女摩根也曾對他下手。傳說摩根等四位王后出遊時遇見了在樹下熟睡的蘭斯洛特，於是便施用法術，將這塊小鮮肉擄至凱利奧城堡，逼迫他從這幾位美豔的老大姐中選出一位做情人。

但蘭斯洛特拒絕了這份不倫姐弟戀，他態度堅定，縱然是法力高強、詭計多端的摩根也徒勞無功。

在歐洲各地的民間傳說中，蘭斯洛特都是有著過人魅力的英雄。

在那遙遠的古代幻想世界裡，依然遵循著「外表決定一切」的規則，於是英武過人的蘭斯洛特，每逢危難總能在美女、修士或小孩的幫助下化險為夷。

蘭斯洛特加入亞瑟王麾下後，曾面臨過一次強敵的挑戰。一位野心勃勃的國王加勒沃特（Galehaut）打算吞併英格蘭，於是親率大軍入侵。就在加勒沃特與亞瑟王對峙時，他遇見了英姿勃發的蘭斯洛特。

狂傲的加勒沃特被蘭斯洛特的英雄氣概折服，居然主動歸順亞瑟王，只求能加入圓桌騎士團，與親愛的湖上騎士並肩而戰……好了，還是讓我們先回到蘭斯洛特成為騎士的那一刻吧。這位勇猛過人的年輕人沿著父輩的足跡走進亞瑟王的宮廷，正因為這樣，他邂逅了美麗的格溫娜維爾，也正是他們後來的愛情，使得亞瑟王的偉業土崩瓦解。

在公認的故事版本中，亞瑟王封蘭斯洛特為騎士時，竟然忘記賜給他寶劍就大咧咧回到寶座上去了。要知道在冊封騎士的儀式上，賜劍是非常重要的一環。這不全因為武器對戰士的重要性，也不全因為長劍象徵著戰勝敵人守護弱小的騎士誓詞，最重要的是，劍對騎士而言，象徵著他的榮譽和正義感。

總之，沒獲得騎士佩劍的蘭斯洛特當場就下不了台。幸虧細心的王后格溫娜維爾為他解圍，於是上演了王后為貴族騎士繫上腰間佩劍的一幕。就是從這一刻起，蘭斯洛特對美麗的王后怦然心動，開啟了一段至死不渝的柏拉圖式戀愛。

此後的日子裡，蘭斯洛特公然打著「格溫娜維爾的騎士」的旗號四處行俠仗義、除暴安良，為自己贏得了不朽的名望。

一般來說，身為一個圓桌騎士應該奉亞瑟為領袖才是，蘭斯洛特卻無所顧忌地打出王后的閨名為旗號，雖說他的佩劍是格溫娜維爾所授，這一行為確實引起了不少流言蜚語。

特別要指出，在蘭斯洛特與王后之間，還有一個自告奮勇的「媒婆」，他就是那位終生仰慕湖上騎士的加勒沃特。正是他以偶像的愛情為自己的愛情，不懈地反覆鼓動和牽媒拉線，終於讓一對情人頂著巨大的心理壓力牽手成功。

本來在宮廷中就容易傳緋聞，更別說其中的男主角還格外高調。

格溫娜維爾與蘭斯洛特

於是終於有圓桌騎士兄弟忍不住跑去對亞瑟王說，老大你得看好自己老婆啊……據說圓桌騎士裡面的梅里亞岡特，出於忠誠跑去提醒自己主君，可在沒有真憑實據的情況下，亞瑟王只能保持沉默。幾次三番下來，蘭斯洛特恨透了梅里亞岡特，終於他找到藉口發起決鬥，利用騎士規則合法地除掉了這位大嘴巴。

這是圓桌騎士兄弟之間的一次著名內訌，正如英國人認為的那樣，「蘭斯洛特和王后的愛情傷害的不僅是亞瑟王，還有整個圓桌騎士團」。

殺戮和仇恨一旦開始便無法停止，不久後，圓桌騎士高文和莫德雷德率領一幫兄弟闖進王后宮殿捉姦，把正在卿卿我我的一對情人抓個正著。雖然蘭斯洛特殺出重圍跑路了，手無縛雞之力的王后被押送到自己丈夫面前接受審判。

亞瑟王希望饒恕自己的妻子，但被激怒的整個圓桌騎士團都圍在他身邊鼓噪，要求遭遇背叛的君王處決不忠的王后。

讀者可能會覺得奇怪，為何圓桌騎士們比亞瑟王還要激動呢？這就需要說明歐洲騎士文化的嚴密體系了。

在中世紀歐洲，騎士文化是一項全民性的狂熱愛好，宮廷貴婦尤其更是沉迷於「英俊騎士愛上我」的幻想，其中最出名的是十二世紀的一位伯爵夫人瑪麗。

瑪麗極其熱衷騎士與貴婦的愛情故事，她制定了一套「宮廷愛情」準則。宣稱勇敢的騎士在遇見心儀的貴婦時，必定會因為對方的美麗而陷入瘋狂的愛戀。為了排解心中思念，他會四處比武、建立功勳，來表達自己的愛。貴婦可以默許騎士對自己的愛意，但不得在肉體上有任何出軌之處，因為她的貞潔是丈夫全家以及整個貴族勢力的榮譽。也就是說，亞瑟王戴綠帽子就等於全體圓桌騎士都戴上了綠帽子。

在這種巨大的輿論壓力之下，亞瑟王只能悲歎騎士已經失去了彼此之間高尚的情誼，然後頒佈了處決令。

這是多麼狗血的愛情倫理劇情節呀——蘭斯洛特熱烈地愛上君王的妻子，格溫娜維爾純潔地愛上了丈夫的下屬，亞瑟王仁慈地下令燒死自己的妻子……

格溫娜維爾在火刑柱上被蘭斯洛特及其同夥加勒沃特劫法場救出，但此後所發生的一系列戰亂與背叛，迅速毀掉了亞瑟王朝。

2 《囚車裡的騎士》

在中世紀的民間傳說中，蘭斯洛特與格溫娜維爾這一對苦命情人之間的愛情是經久不衰的話題，數百年來誕生了無數個故事版本。其中大部分都是從崇高走向崇高的格調，反覆謳歌這對戀人的純潔愛情和悲劇結局。

但是偶爾在一些細節中，卻流露出讓人疑惑的情節。例如在蘭斯洛特尋找聖杯的傳說中，他極度接近目標時，卻始終無法目睹這個神聖的酒杯，因為罪人是無緣神器的。每當蘭斯洛特反省此事時，都會責怪自己當初不應該犯下與格溫娜維爾私通的罪行。

等等，柏拉圖式的精神戀愛哪裡去了，怎麼冒出私通情節呢？

其實歷代劇作家不乏有人質疑這對愛人的純潔關係，更有故事描述蘭斯洛特早在亞瑟王之前就結識了格溫娜維爾，並且通過比武決鬥，贏得了迎娶她的資格，但美麗的蘇格蘭公主還是遵從父親的意見，接受了和亞瑟王的政治聯姻。

這裡我們要提一下法國人特洛瓦之克里田的作品《囚車裡的騎士》（*Le Chevalier de la Charrette*），這是一部關於蘭斯洛特成長故事的長詩。在這部作品中，遠行的蘭斯洛特累垮了自己的馬，於是向萍水相逢的圓桌騎士高文借馬。等他累死了借來的馬以後，又乘坐一個醜陋侏儒的馬車繼續前進。

後來他想投宿旅店，旅店老闆卻嘲笑蘭斯洛特說，一個騎士怎能不騎馬而是乘馬車趕路？原來在當地有個古怪的風俗，馬車是專門用來運載罪犯遊街用的，坐上馬車的人從此名譽掃地，不得進入王宮，也會失去任何尊重與友誼。於是在一頓調侃嘲諷之後，旅店老闆將蘭斯洛特趕出大門。

蘭斯洛特爭辯不過店老闆，卻又難以忍受屈辱，最後竟然打算自殺洩憤，也算是亞瑟傳奇中的一朵奇葩了。

幸而高文再度解救了蘭斯洛特，他告訴這個年輕人，亞瑟王未來的妻子格溫娜維爾被邪惡騎士米萊甘特綁架，目前被關押在米萊甘特父親的城堡裡。於是，高文和蘭斯洛特兵分兩路，高文沿著水橋前進，蘭斯洛特沿著劍橋前進，去尋找關押著格溫娜維爾的城堡。

後來，蘭斯洛特在與米萊甘特的決鬥中差點敗北，要不是格溫娜維爾認出了他並設法周旋，他是無法最終取勝的。但格溫娜維爾獲救後拒絕與蘭斯洛特見面，因為蘭斯洛特寧可為個人顏面而自殺，卻不願堅持到最後來救她，這讓她不能理解。

從這個故事來看，顯然蘭斯洛特與格溫娜維爾是老相識了。其中最具備歐洲古典風格的情節，就是蘭斯洛特誤會格溫娜維爾不肯見他是因為她已經香消玉殞，於是他悲痛萬分又開始尋死覓活。當獲悉公主健在的消息後，他半夜爬上塔樓，扭斷窗欄，爬進格溫娜維爾的臥室，兩人度過了溫馨浪漫的一夜。

從這個故事開始，高文與蘭斯洛特的真摯友誼，便成為圓桌騎士團傳說中重要的成分。他們的漫長友誼保持了很久，直到蘭斯洛特為了從刑場救出格溫娜維爾而殺死了高文的弟弟為止。

3 消失在快樂之城

在歐洲民間傳說中，蘭斯洛特與格溫娜維爾之外的女性也有過風流韻事。其中流傳最廣、並最晚收錄到亞瑟王傳說中的一個故事，是關於蘭斯洛特與伊萊恩的故事。在這個故事中，伊萊恩不是蘭斯洛特的母親，她成了「漁人國王」（Fisher King）的女兒。伊萊恩愛上了尋找聖杯的蘭斯洛特，於是用魔法讓蘭斯洛特相信自己就是格溫娜維爾，二人生下後來成為圓桌騎士的加拉哈德（Galahad）。

這個故事簡直就是摩根對亞瑟王手法的翻版，但故事的結局並不圓滿。因為蘭斯洛特對愛人異常堅貞，以至於他在發覺自己背叛了格溫娜維爾後陷入瘋狂。他本想一劍殺死伊萊恩，卻最終無法對一個孕婦下手而含恨離去。

蘭斯洛特的兒子加拉哈德長大後，成為擁有最純潔靈魂的圓桌騎士，只有他最終找到了聖杯並升入天堂，留下自己惆悵的父親在世間徘徊。

關於蘭斯洛特有無數傳說和故事，在這些故事中他殺死過巨龍，消滅過惡棍，贏得過城堡，奪取過王國……

無論他的傳奇如何改變，他對格溫娜維爾的真愛始終不變。

但這對情人最終沒有走到一起。

亞瑟王去世後，巨大的罪惡感擊垮了格溫娜維爾。當蘭斯洛特從英格蘭戰場返回的時候，他再也沒有找到自己的心上人。

受到痛苦思念和自責的折磨，湖上騎士最終決定捨棄一切，做了苦行的修道士。最終，他在自己的城堡「快樂之城」中與世長辭。

與湖邊騎士並肩長眠的，是他忠誠的朋友與粉絲加勒沃特。

第四節　格溫娜維爾的美麗與哀愁

作為亞瑟王的合法妻子，格溫娜維爾並不是與自己的丈夫在同一時期被創作出來的形象。她出現在亞瑟王傳說中的時間很晚，一般認為，這位王后是隨著特洛瓦之克里田的作品《囚車裡的騎士》一起登上文學舞臺的——隨著她的愛人蘭斯洛特一起……

自從格溫娜維爾這個形象誕生以後，這位美麗善良、卻又命運悲慘的王后，迅速成為法國騎士文學中，典雅愛情的代表人物。隨著時間推移，整個中世紀時代的歐洲，都臣服在這位亞瑟王朝王后的石榴裙下。每當人們議論愛情話題時，她與自己丈夫和情人之間的糾纏關係，就成為最好的談資。

1 女神的女兒

在《梅林傳》（*Vita Merlini*，一一五〇）中，作者蒙茅斯之傑佛瑞將這位王后描述成一位古羅馬來的異族美女。不過在後來的傳說中，一般認為格溫娜維爾是某位凱爾特國王的女兒。細究起來，她的名字其實源於威爾斯語中的芬納維爾，而這個名字又出自愛爾蘭神話中神聖女王梅耶的女兒，她的身世背景也和古代凱爾特象徵生育及王權的女神連結在一起。

有趣的是，在古英格蘭傳說中，格溫娜維爾是個無法生育的苦命女子，而法國人和威爾斯人則堅稱這位王后至少曾生下一個王子。這種尷尬局面僵持到一四八五年，英國第一位印刷家威廉．凱克斯頓（William Caxton），印刷了湯瑪斯．馬洛禮的《亞瑟王之死》，這是一部集法、英兩國形形色色的亞瑟王及其圓桌騎士故事的大雜燴。

《亞瑟王之死》有兩項重大意義，一方面這是印刷術在英國的一次大規模使用，刊印成冊的故事集規範了野草般紛亂的民間手抄本，中古英語方言有了相對固定的拼寫符號，這是很多英國語言學家認定的中古英語終結標誌；另一方面則是故事內容終於承認了格溫娜維爾的生育能力，但令人哭笑不得的是，孩子的父親既不是亞瑟王、也不是蘭斯洛特，而是圓桌騎士中的叛徒莫德雷德，他奪取了政權後，脅迫王后為自己生下了兩個兒子……

需要注意的是，格溫娜維爾並不是在每個亞瑟王傳說中都被塑造為正面形象。例如在《蘭瓦爾》這篇故事中，這位王后被描繪成一個淫蕩成性的惡毒女子，她勾引一位圓桌騎士不成後，竟然捏造罪行逼迫亞瑟王將其處死。這個故事在法國和威爾斯都曾廣為流傳，幸而並沒有引領風騷成為主流，這才為後世留下了一個值得同情和歎息的美人風流故事。

在另一本中世紀騎士文學流行讀物《亞瑟王歷險記》中，格溫娜維爾母親的靈魂曾在她和高文的夢境中出現，預言了亞瑟王朝的毀滅和亞瑟王的死亡。雖然格溫娜維爾向亞瑟王示警，卻無法讓自己的丈夫逃脫命中註定的劫難。

2 亞瑟的王后

在湯瑪斯．馬洛禮的《亞瑟王之死》中，蘇格蘭的寥德寬王與里安士王開戰時，亞瑟王率領著騎士趕來援助寥德寬王，擊敗了敵人。寥德寬王對亞瑟王極為感激，在自己的城堡中大擺筵席，招待不列顛的英雄們。就在這次宴會上，亞瑟王無意間瞥見了格溫娜維爾公主，立即神魂顛倒地愛上了她。

返回不列顛後，亞瑟王就對自己的導師梅林抱怨說：你看國內的貴族都在勸我成家娶妻，搞得我很是不得安寧呢……

梅林立刻明白這是自己的國王在繞著彎提要求，於是立刻鼓勵亞瑟說，你這樣偉大的君主當然應該有位合適的王后了，不知你看上誰家的姑娘了？

亞瑟王急吼吼地說，我覺得寥德寬王的女兒格溫娜維爾就挺不錯呀！

接下來出現了兩個版本的故事，一是梅林對亞瑟的眼光大為讚賞，另一個版本是梅林忽然開啟大預言術，他反覆警告亞瑟王說，格溫娜維爾會為這個國度帶來毀滅性的災難，但亞瑟王被愛情沖昏了頭，不聽勸阻，執意迎娶自己的心上人。

於是，後面的故事大家都知道了……

我們知道，創造了蘭斯洛特與格溫娜維爾故事的是法國人，法國雖然有發明了虛無縹緲的宮廷愛情規則的瑪麗伯爵夫人這類閒人，更有制定出實際可行的生活潛規則的貴族階層。

一般來說，貴族的爵位和家產主要由長子繼承，所以有點身分地位的丈夫都對妻子在婚前的貞潔有要求，這也是為了保證長子是自己的嫡親血統。一旦繼承人出生，夫妻就可以各自尋找自己的情人了。

從貴族的角度而言，婚姻和愛情完全是兩個概念。大貴族的婚姻一般都是政治集團的結盟，新娘會為夫家帶來領地和財富，即所謂的政治婚姻。這樣的婚姻純粹是經濟和政治交易，只要夫妻找情人互不損害對方利益，那有什麼不可以的呢？

在法國文學作品中，嘲笑嫉妒的丈夫是一個固定的套路。貴族圈子裡的價值觀是這樣的：他們認為一個丈夫沒有情人，是自己缺乏魅力和能力的表現，而他竟然禁止妻子成為別人情婦，這更是氣量狹小的不得體行徑。

這種扭曲的價值觀發展到最後，竟然到了相親相愛的夫妻會被貴族圈子譏諷嘲笑的地步！因此，法國人會創造一個出軌的格溫娜維爾也就不足為奇了。

3 被埋葬的美麗與哀愁

按照東方的古典道德觀，格溫娜維爾的出軌是不可原諒的，從英王亨利八世先後以叛國罪砍掉了自己兩位出軌王后的頭顱來看，英格蘭人眼裡也是容不下沙子的……

可偏偏中世紀時法蘭西的文化光芒四射，以至於絕大多數的亞瑟王傳說都被高盧人的鵝毛筆寫成文字四處傳揚。法國人特洛瓦之克里田興致勃勃地將蘭斯洛特和格溫娜維爾這一對情人推上文學舞臺，害得英國人不得不一再為王后開脫。

例如有很多故事將格溫娜維爾與蘭斯洛特的相識時間提前到她嫁給亞瑟王之前，甚至有這樣的說法：蘭斯洛特曾通過決鬥，獲得了和格溫娜維爾成婚的權利，只是因故沒有行使，才讓她被亞瑟王娶了云云。

這些粉飾性的文字，無法掩蓋王后出軌導致國王身死、王朝毀滅的事實，更何況騎士文學與一般的傳統小說不同，它格外強調宗教和道德的作用。既然沒法改變王后出軌的故事主幹，那只好在她的結局上多做文章以警示後人了。

幾乎全部的亞瑟神話，都為格溫娜維爾指出了到修道院苦修懺悔這一條不歸路，這也符合歐洲人以宗教使人解脫的主旋律。有些法國民間傳說認為，格溫娜維爾在得知自己兒子的死訊後自殺，但這種不符合基督教教義的舉動頗受教會責難，於是大多數故事的口徑又改為，格溫娜維爾淒苦地待在修道院很多年，直到臨終前才請蘭斯洛特將自己帶走安葬。

英格蘭傳說中則認為，格溫娜維爾出軌後來到修道院苦行懺悔，她對自己進行了肉體和精神上的雙重折磨，以至於那些兇神惡煞的修女們都同情地說：「王后像是瘋了一樣！」

遭遇背叛的亞瑟王一直沒有忘記自己的妻子，他在最後的卡姆蘭戰役之前來到修道院，請格溫娜維爾再做他的王后。當這對歷盡滄桑的夫妻再度擁抱後，格溫娜維爾懺悔道：我是和蘭斯洛特有了私情。亞瑟王則大度地說：你不用懺悔，我原諒妳，因為我愛妳！

在那之後，王后的精神狀態好多了。她等著與丈夫破鏡重圓的一刻，可最終等來的卻是亞瑟王的死訊……

於是，格溫娜維爾靜靜地留在修道院裡，讓時光和痛苦一點點埋葬她風華絕代的美麗與哀愁……

第五節　少女的騎士高文

亞瑟王帳下有兩員大將：一個是蘭斯洛特，一個是高文。他們兩個是相愛相殺的一對好朋友，並肩合作時將圓桌騎士團推至巔峰狀態，反目成仇時則葬送了亞瑟王朝的傳奇。單論戰鬥力的話，很難說高文與蘭斯洛特孰強孰弱，這對似同瑜亮的人物，也給整個亞瑟王傳說增添了幾抹亮色。

在充斥著陰謀背叛、愛恨糾纏的亞瑟王題材史詩故事中，高文是個很獨特的另類角色。高文是個翩翩君子，據統計，在所有關於亞瑟王的傳說故事中，提及高文謙遜有禮的次數遠超過其他所有人的總和。

在中世紀的很多騎士小說中，高文被冠以「少女的騎士」這個稱號。這個稱號並不是因為他鍾情於某位少女，而是因為這位正直的騎士幾乎沒有緋聞，所以可以安全地做所有女人的勇士與夢中情人。

在亞瑟王屬下的騎士中，高文是一個擁有某種超自然力量的特殊人物。

在各種版本的故事中，他或者與仙女結緣，或者被妖精所救，或者是巨神之後，或者是仙靈之子，也許正因為如此，他才會擁有超越常人的優雅品質和不凡膽識。

1 亞瑟王的外甥

蒙茅斯之傑佛瑞在他的著作《不列顛諸王記》中宣稱，高文的祖先來自挪威，也就是說他是北歐海盜的後裔。他的父親是挪威奧克尼部落的洛特王（King Lot of Orkney），領地則是蘇格蘭北方海域上的奧克尼群島。後來有人研究認為這是一個誤會，是某位中世紀的抄寫員在洛特王與奧克尼伯爵之間少寫了一行，結果讓人讀起來感覺洛特王就是奧克尼伯爵。

早在西元九世紀，奧克尼群島就被挪威人佔領。到了十五世紀挪威公主瑪格麗特嫁給蘇格蘭王詹姆斯三世時，由於身為老丈人的挪威王克利斯蒂安一世手頭窘迫，拿不出嫁妝錢，只好把該群島作為擔保抵押給女婿，四年後，挪威王乾脆將這個群島正式割讓給蘇格蘭，以了結這筆欠帳。

於是以訛傳訛之下，在亞瑟王傳說中不僅出現了挪威人出身的奧克尼伯爵，還進而衍生出一個由洛特王後裔組成的奧克尼部落來。

根據蒙茅斯之傑佛瑞的說法，洛特王是蘇格蘭王奧古斯都的兄弟，他娶了丁塔吉爾公爵與伊格賴因的女兒安娜（一說為尤瑟王與伊格賴因所生的莫高絲），成為亞瑟王的姐夫。洛特王和安娜生了好幾個兒子，其中最有名的兩個是高文和莫德雷德。

這就出現了一個與其他亞瑟王傳說中不一致的地方：日後的大反派莫德雷德出身於奧克尼部落，而不是仙女摩根的兒子了。

洛特王與亞瑟王的父親尤瑟王關係匪淺，尤瑟王重病之後，是洛特王繼續帶領著不列顛人民抵抗力量抗擊撒克遜入侵者。

湯瑪斯・馬洛禮的《亞瑟王之死》宣稱，洛特王最後被他的敵人佩利諾爾王殺死，也有人說殺死洛特王的是伯林諾王。總之，洛特王戰死之後，奧克尼部落的領導權就落到他兒子高文手上了。

身為新的部落首領，高文帶領自己的四位弟弟阿格拉威恩（Agravain）、加荷里斯（Gaheris）、加雷斯（Gareth）和莫德雷德，加入舅舅亞瑟王的圓桌騎士團，奧克尼部落的戰士們一直打到羅馬，擊敗了與亞瑟王為敵的羅馬帝國皇帝才甘休。

在亞瑟王傳說中，高文對自己的君主是忠誠和尊敬的，但他並不奴顏婢膝地討好亞瑟王。在某些時候，這位有著北歐海盜血統的外甥還會犯顏直諫，搞得舅舅下不了台。

在家庭內部，高文最愛的是弟弟加雷斯。而他的兄弟中，最壞的是阿格拉威恩和莫德雷德。正是在莫德雷德的挑唆之下，加雷斯撞破了他們的母親與殺父仇人佩利諾爾王的兒子拉莫拉克的姦情，並在激憤中當場砍下母親的人頭。這樁慘案導致整個家族四分五裂，也是日後蘭斯洛特和格溫娜維爾被捉姦事件的預演。

而日後蘭斯洛特為了拯救格溫娜維爾，殺死了監督行刑的加雷斯，從而讓高文與蘭斯洛特變成不共戴天之敵。

2 高文奇遇記

在歐洲騎士文學作品中，關於高文的故事主要有兩個，正是這兩個故事，讓高文完美詮釋了一個騎士應該具備的美德。

第一個故事名叫〈高文和朗內爾夫人〉（The Wedding of Sir Gawain and Dame Ragnelle）。故事是這樣的：有一天，卡美洛城來了一位不速之客，她是一個醜陋到極致的凱爾特女巫——朗內爾夫人。這個「令人作嘔的」的女巫宣稱，要以智慧來挑戰亞瑟王的榮譽，而勝負的關鍵就是一個謎語的答案。

一個騎士，面對挑戰絕對不能退縮，無論面對的是比武還是智力測驗。亞瑟王接受了朗內爾夫人的挑戰，於是聽到一個對男人來說幾乎是無解的高難度問題：「女人想要的是什麼？」

對於亞瑟王以及圓桌騎士團的一群直男單身漢而言，這個問題根本就是無解的！幸而女巫答應給亞瑟王一年時間來尋找答案，若到期不能完成，就必須滿足她的一個條件。

時光荏苒，一年過去了，當朗內爾夫人再度光臨時，愁眉苦臉的亞瑟王坦白說自己沒找到答案，只好滿足她的一個條件。於是醜陋的女巫立即宣佈：「我要一個丈夫！」

中世紀版畫，威武的圓桌騎士高文

沒想到她居然是到滿是光棍漢的廷塔傑爾城堡相親來了！雖然這裡遍地是單身漢，朗內爾夫人的目標似乎很明顯就是戴王冠的亞瑟（要是這時亞瑟王已經娶妻，那麼這個也就難不住他了）。

雖然亞瑟王是蓋世英雄，面對世紀醜女的步步緊逼，也不由得顧左右而言他起來。看著君王有難，圓桌騎士們也紛紛推三阻四，唯恐自己被國王抓去做了背鍋俠。

還是高文為舅解憂，勇敢站起來說：我娶她！

亞瑟王連一秒都沒猶豫，就恩准了這樁親事，下令當天就要洞房花燭，唯恐外甥反悔跑路。

勇敢的高文雖然憑藉忠誠的本能做了新郎，但在走向婚床的時候還是退卻了。他顫抖地望向自己的新娘，卻赫然發現躺在床上的不是醜巫婆而是美嬌娘！

朗內爾夫人微笑著告訴丈夫：我受到了詛咒，每天只有一半時間可以恢復原貌。你是我的丈夫，可以選擇讓我在夫妻獨處時美麗，或是面對你的君王同僚時美麗，你要怎樣選擇呢？

高文左思右想之後，給出了自己的答案：這事應該由妳自己做主，這是妳的自由。

朗內爾夫人欣喜異常地宣佈咒語解除了，因為高文的回答正是謎語的謎底！女人想要的就是自己做決定！

如果說，高文的新娘故事是中世紀時期女權覺醒的萌芽，那麼接下來這則愛爾蘭神話《阿爾斯特故事》中的〈高文和綠騎士〉（Sir Gawain and the Green Knight），則是對人性的嚴格考驗了。

故事依舊發生在卡美洛城這個是非之地，在亞瑟王的新年宴會上，忽然闖入一個穿綠衣綠甲，騎綠馬持綠斧的巨人騎士。

凱爾特神話中，新年是仙界與凡界交替的日子，所以才會有薩溫節這種為此時而設立的特殊節日。綠騎士的形象似乎源於豐收與森林之神科爾努諾斯（Cernunnos），他向在場所有騎士發出了特殊的挑戰：你可以砍下我的頭，一年零一天後我再砍下你的頭！

毫無疑問，綠騎士的挑戰一定是個坑。但身為騎士，明知是萬丈深淵也不能退卻啊……在一片尷尬的沉默中，高文站出來迎接挑戰。他接過綠斧一下就砍掉了綠騎士的頭顱，無頭的綠騎士二話不說撿起自己的首級就騎馬回去了……

高文和綠騎士是流傳最廣的圓桌騎士團故事

這下慘了，高文很肯定自己沒有類似的本事，但身為騎士，一諾千金，一年後他只好到與綠騎士約好的地點綠教堂受死。

就在前往綠教堂的路上，高文經過了一個古堡。古堡裡住著一對熱情的夫婦，他們告訴高文，綠教堂距此不遠，邀他暫且住下。

高文很感激，但古堡男主人提出一個奇怪的條件：每天白天他要外出打獵，晚上將拿獵物與高文得到的東西交換。

從第一天開始，當男主人離開後，美麗的女主人便對高文百般引誘，高文堅定地拒絕了對方不道德的示愛，但當女主人可憐兮兮地表示希望吻他一下時，他考慮到女士的自尊心便接受了。

到了晚上，兩手空空的高文面對滿載而歸的男主人，只好尷尬地獻上激情一吻……如此這般到了第三天，女主人送給高文一條綠腰帶，說繫上它可以刀槍不入。高文忽然想到綠騎士之約，於是收下了這份禮物。到了晚上他沒有把腰帶拿出來交換，而是對男主人報以三個熱吻。

第四天，高文出發前往綠教堂，綠騎士早已等候多時了。高文伸出脖子等著人家來砍，綠騎士也不含糊，「唰唰唰」就是三斧子。

前兩斧真沒傷到高文分毫，只是第三斧輕微砍傷了他的頭皮。這時候綠騎士顯出了真容——正是古堡的男主人！「我是貝爾西拉克，是你姨媽仙女摩根的騎士，她派我來檢驗圓桌騎士的品德！」綠騎士大聲說道：「你做得還可以，只是你不該保留那根腰帶，現在我們之間的友好關係被破壞了！」原來綠騎士的前兩斧是獎勵高文的不受誘惑，第三斧是輕微懲罰他的自作聰明。等到高文返回卡美洛城如實敘述了事情的整個經過之後，亞瑟王便下令讓所有圓桌騎士以及宮廷婦女都佩戴綠色腰帶，以紀念這一事件。

3 高文的善與惡

法國人創造出了蘭斯洛特，而高文的出現則要歸功於威爾斯傳說。

在英國作品中，高文是個完美的騎士代表，他的每一樁傳奇都是其他圓桌騎士的教科書。但法國作家似乎對高文這個角色持否定態度，他們創作大量抹黑高文光輝形象的惡毒故事，宣稱高文並不是符合基督教教義的騎士典範。

十二世紀時，以詩人特洛瓦之克里田為首的法國作家，熱衷把高文描寫成一個舉止輕佻、色迷心竅的花花公子，並且他還是一個酷愛殺戮、有違道德的屠夫。在特洛瓦之克里田著名的五部聖杯題材作品中，高文竟然作為反面角色出場，以襯托蘭斯洛特的光輝形象——當然，為了襯托蘭斯洛特這位法蘭西英雄，在長詩中就連亞瑟王都是可有可無的配角。

在其他法國作家撰寫的聖杯題材小說中，高文有時也能做主角，但註定是有缺陷的主角，例如他不能通過上帝的榮耀來看清自己尋找道路上的錯誤，對一切邪惡都採取殺光的手段。讓聖杯判定他是一個為了達成目標不惜一切代價的偏激戰士，從而導致他最終與聖杯擦肩而過。在其他故事中，高文甚至不幸地成為小丑一般的配角。

以中世紀法國人的眼光來看，高文終其一生也無法達到蘭斯洛特那般的高度——這個古板的英國佬根本不懂，擁有健碩無敵的體魄和略具瑕疵卻不乏高尚的德行，才是騎士精神的最高境界。

就算是在《囚車裡的騎士》這部著名作品中，高文雖然與蘭斯洛特一同出場，卻始終是一個莫名其妙的摯友配角。當蘭斯洛特需要馬匹時，萍水相逢的高文將自己的坐騎慷慨相贈；當蘭斯洛特不在場而他的仇家打上門時，高文自告奮勇頂替出戰……諸如此類的描寫，讓高文像個深深愛上蘭斯洛特的知心大姐一般。

在海峽的另一邊，以威爾斯人為首的英國文學界堅定地站在法國人的對立面。他們筆下的高文完全取代了蘭斯洛特的地位，穩坐圓桌騎士團首領之位。

十一世紀中葉的威爾斯散文故事集《馬比諾吉昂》，包含了四個後來形成「亞瑟王傳說」的古老故事原型，其中〈庫爾威奇與奧爾溫〉是威爾斯最早的關於亞瑟王的故事。頗為有趣的是，在這個故事中亞瑟王並非主角，高文則第一次出現在文學舞臺上。

威爾斯人認為，高文不僅是騎士團領袖，更是王朝元老——他與凱、貝德維爾都是亞瑟王的童年夥伴，陪著亞瑟一刀一槍打下了英格蘭王國的江山。

愛爾蘭人則認為，高文的故事原型應該是愛爾蘭神話中的英雄庫胡林，他才是凱爾特精神的真正體現者。

當蘭斯洛特與格溫娜維爾的私情敗露後，高文的第一反應不是上報亞瑟王，而是試圖阻止自己的兄弟加雷斯和莫德雷德跑去曝光這樁醜事。毫無意外，高文也不在事後鼓譟要求處死王后的那批圓桌騎士當中。當格溫娜維爾被判決燒死在火刑柱上時，亞瑟王按照傳統打算派出自己最優秀的騎士做監斬官。儘管高文忠誠於自己的君王，但他堅決拒絕執行這項命令。

造成高文對蘭斯洛特由愛轉恨，由正面角色轉向反面角色的關鍵也正是這場火刑。蘭斯洛特劫法場時殺光了在場的所有圓桌騎士，其中也包括高文的弟弟加雷斯和其兒子們。聽到這個消息後，自責與仇恨讓高文變得瘋狂，正是他堅決要求復仇的主張促使亞瑟王率軍渡海，遠征法蘭西。

國王離境後，陰謀家莫德雷德立即發動政變，篡位上臺。

從這裡開始，出現了關於高文的兩種結局。

在以特洛瓦之克里田為代表的法國版本中，高文為了替自己最愛的弟弟加雷斯報仇，找到蘭斯洛特決鬥。

與其他圓桌騎士相比，高文的神奇之處在於他是凱爾特太陽神的化身，在很多威爾斯傳說中，高文的體力會在正午時達到平時的三倍，在黃昏時開始陷入虛弱——特洛瓦之克里田在描寫高文與蘭斯洛特的比武時，也有類似的描述。

他寫道，由於高文在童年時受過聖徒的賜福，所以沒人能在正午時擊敗他。

特洛瓦之克里田版的高文最後一戰中，蘭斯洛特感受到每當陽光更強烈一些，高文的「惡意」也愈加高漲幾分，「就如同一個從地獄裡面來的惡魔一般」。

雖然英格蘭的騎士強大到無法擊敗，但聰明的法蘭西英雄採取劍與盾結合的防守策略，熬過了三小時的漫長戰鬥。當太陽開始落山時，高文的力量漸漸衰弱下去，蘭斯洛特趁機大舉反擊，用一記重擊給摯友在頭部造成了致命傷。

流傳在英國、德國、荷蘭、比利時等的傳說，則對高文的結局另有描述：為自己成為叛徒的幫兇而懊悔不已的高文，憤怒地討伐篡位的叛國者，他在與莫德雷德交戰時負了重傷。這位高尚的騎士在臨終前寫信給蘭斯洛特，為自己的行為表達了歉意，並請他率領法軍來支援亞瑟王的復國之戰。

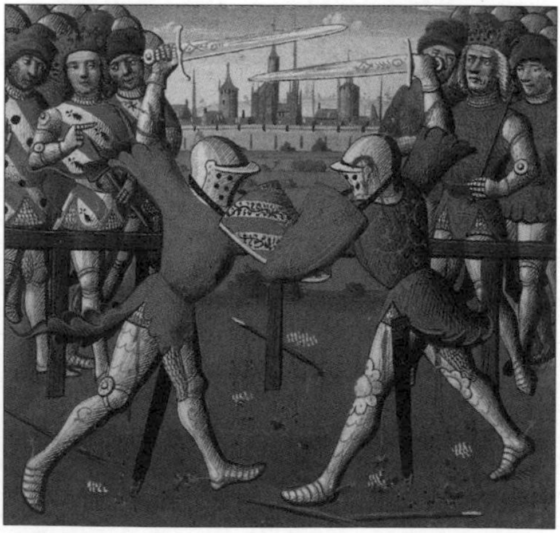

高文與蘭斯洛特的生死之戰

寫完信件後，英格蘭的英雄高文與世長辭，但他的英靈依舊守護著亞瑟王。就在亞瑟王率軍前往最後的卡姆蘭河谷戰場的前夜，高文的亡靈出現在自己的君王夢中，反覆忠告：蘭斯洛特正率領法軍晝夜兼程趕來支援陛下，在他抵達前請不要與莫德雷德開戰！

可嘆亞瑟王雖然聽從了外甥的忠告，但在為了爭取時間而與莫德雷德進行爾虞我詐的和談時，一位圓桌騎士拔劍殺死企圖襲擊自己的毒蛇，這一舉動引起了連鎖的誤會，一場命中註定的血戰還是開始了……

高文是幸運的，因為已逝的他不用目睹自己那些圓桌兄弟們自相殘殺，也無須見證自己那位偉大君王的隕落。他的故事至此結束，這位散發著人性光輝的騎士，永遠都是一位高貴而感性的英雄。

第六節　亞瑟王朝的仙女們

凱爾特神話中的仙女，與其說是不諳世事的仙子，倒不如說是掌控世界的神靈，他們時常會化為人形與凡塵交流。例如在愛爾蘭傳說中的神靈，喜歡身穿精美長袍，騎著銀鞍白馬在人間穿梭，他們往往會把相中的凡人，綁架到自己居住的冥界裡去。

而在亞瑟王傳說中，仙女不僅屢屢與亞瑟王和圓桌騎士們掀起愛恨糾纏的風波，更主動涉足宮廷內鬥和朝廷政事，其中出現最頻繁的兩位仙女，分別是摩根和薇薇安。這兩個角色在亞瑟王傳說中發揮了舉足輕重的影響力，整個亞瑟王朝的興盛與衰亡，幾乎都有這兩個仙女在幕後默默策劃指揮。由於存在不同版本的故事，所以很難對她們的立場進行善與惡的評價，只能說她們像操偶師一樣，用神祕無比的魔力控制英雄的命運，掌握王朝的興衰。

1 亞瑟王的姐妹們

讀者可能會有困惑：亞瑟王傳說中的英雄，他們的身世與彼此之間的親緣關係怎麼矛盾不一呢？

就拿整個傳說中的主角亞瑟王與最大反派莫德雷德來說，究竟後者是前者的私生子，還是外甥？這就是折磨研究亞瑟王傳說的學者們數百年的大難題，要想理清這個被無數著作反覆描寫、彼此矛盾的家族譜系，幾乎是個不可能的任務。

就讓我們先來梳理一下亞瑟的姐妹吧。根據蒙茅斯之傑佛瑞的《不列顛諸王記》所述，尤瑟王與王后伊格賴因生下了亞瑟和他的妹妹安娜，後來安娜嫁給了奧克尼伯爵洛特王。在《不列顛諸王記》中，從來沒有提到過摩根。

但在同樣署名為蒙茅斯之傑佛瑞的作品《梅林傳》中，摩根又被算成是亞瑟的姐姐之一，同時她的身分也被確定為是居住在阿瓦隆的女巫。

威爾斯作家吉羅德的《威爾斯之旅》裡，摩根是亞瑟的堂姐或是表姐，有些研究者認為，摩根這一形象源自威爾斯傳說中名字發音類似的母親神，但更多的學者認為，摩根與愛爾蘭神話的女戰神摩莉甘的淵源更為深厚。

十二世紀之後的亞瑟王傳說，亞瑟王有了三個同母異父姐姐：莫高絲（Morgause）、伊萊恩和摩根，其中嫁給洛特王的變成了莫高絲，又變得沒有安娜什麼事了……

一般認為，亞瑟和他的妻子格溫娜維爾之間並沒有後代，只有在特洛瓦之克里田的故事裡為亞瑟王夫婦增加了一個叫作洛哈特的兒子。不過後來更多提及洛哈特的故事，又否定了他的母親是格溫娜維爾，而被宣稱為是一個叫作莉莎諾的女子。

既然法國人為亞瑟王開了私生子的頭，那麼後來者自然大受鼓舞，有樣學樣。在英國作家湯瑪斯·馬洛禮筆下，亞瑟王在一次戰爭獲勝後接待前來祝賀的賓客，見到了薩南伯爵的女兒梁娜絲。亞瑟很喜愛這位貴族小姐，不久後二人生下了一個私生子，取名為波利，後來這孩子加入了圓桌騎士團。在另外的版本中，薩南伯爵小姐的芳名被記載為莉奧諾，她為亞瑟生下的兒子名為波爾。

好了，讓我們回到大反派莫德雷德身上，看看他是怎樣出現在亞瑟王傳奇裡的。

早在五花八門的「正規」騎士小說誕生之前，西元九世紀羅馬人撤離不列顛之後，僅有的知識都集中在教會的僧侶手中。

威爾斯的一位教士南尼厄斯尋思著自己在教堂裡閒著也是閒著，不如做點研究。雖然南尼厄斯手頭缺乏素材，但他卻不缺乏想像力。他根據鄉野流傳的民間傳說開始編撰凱爾特英雄傳。到底這該算歷史還是野史已不重要，重要的是在這位教士筆下出現了亞瑟殺子的故事。

南尼厄斯筆下的亞瑟還不是國王，而且也沒提及亞瑟殺子的理由，但這個模糊的故事很可能就是亞瑟王與莫德雷德之間恩怨的原型。

西元十世紀的《坎布里亞年鑑》中，記載了亞瑟和莫德雷德雙雙在卡姆蘭戰場死去，但他們到底是同一陣營、還是相互敵對並不可知。

在蒙茅斯之傑佛瑞的早期作品中，莫德雷德被描寫為亞瑟王的外甥和養子，他是洛特王和亞瑟的妹妹安娜的兒子。但在大法師梅林的一系列敘事詩誕生後，莫德雷德忽然變成了亞瑟與同母異父的姐姐莫高絲的兒子。在所有這些故事裡，亞瑟都是在不知情的情況下與莫高絲發生了關係，他並不清楚對方是自己同母異父的姐姐。

此外，另外一些傳說則認為，摩根才是莫德雷德的母親。

在上述所有作品中，瞭解莫德雷德身世的只有他的母親和能預知一切的大法師梅林。他的母親究竟是誰仍未有定論，但後來主流的傳說故事都將這個玷污了亞瑟王榮耀的黑鍋，丟給了充滿異教徒意味的仙女摩根。

從這些混亂的線索中，也能看出亞瑟王傳說誕生於民間，註定其價值觀充斥著凱爾特底層民眾的不雅情趣。隨著時代的變遷，騎士文化漸漸退潮，便有道學家出面大加批判了。十五世紀的義大利學者魏吉爾曾經批評，亞瑟王的故事放蕩不羈，通篇殺戮、通姦、亂倫，委實不適合高尚的上流社會人士閱讀。不過說實話，這份批評也能原封不動地用在希臘神話上。

2 凱爾特仙女摩根

在主流的亞瑟王傳奇中，仙女摩根似乎總是處在英雄騎士們的對立面。摩根與她的姐妹們不同，她的正式名字中明確帶有仙女（Le Fay）兩字，這就意味著她並非凡夫俗子。

與薇薇安比起來，摩根身上濃厚的凱爾特古宗教氣息，總讓教會感到如芒刺在背。基督教作為排他性和攻擊性都非常強的一神教，基本上不會允許一個異教徒形象成為主流故事中的正面人物。這也說明了為何在中世紀的亞瑟傳奇故事中，摩根出現得相對較晚，卻迅速被塑造成一個邪派仙靈的形象。因為當時的作家們既不願也不敢過分觸碰異教信仰的題材，生怕會引來宗教裁判所的關注——雖然被綁在火刑柱上的格溫娜維爾獲救了，最瘋狂的作家也不會幻想圓桌騎士前來拯救遭受教會審判的自己。

在早期的傳說中，仙女摩根還擁有正面形象。蒙茅斯之傑佛瑞描寫了摩根與自己的姐妹在阿瓦隆島上成長的故事，她因為精通變身術、飛行術和醫術而聞名於世。正因為摩根極其擅長醫術，所以才會在早期的亞瑟王傳說中被安排在劇終出場，與自己的兩個姐妹一起將垂死的亞瑟王接引到阿瓦隆島長眠。

自從特洛瓦之克里田將摩根描寫為亞瑟王同父異母的姐姐開始，這位在早期傳說中驚鴻一瞥的善良女神畫風突變，忽然作為一個惡毒的仙女出現在亞瑟王的敵人名單上——沒錯，這又是法國人幹的好事。

自特洛瓦之克里田開始，惡毒的仙女摩根便時常用咒語來騙人，她的所有魔力都從救死扶傷，轉移到掩蓋自己的真實年齡、滿足自己無止境的邪惡淫欲之上。被黑化的摩根，將擊敗亞瑟並摧毀亞瑟王朝作為自己人生的最大目標，無休無止地使出各種手段折磨圓桌騎士們。正如高文與綠騎士的故事那般，摩根每隔一段時間就會派出手下去給亞瑟王朝製造難題。

與一般的凱爾特仙靈不同，摩根從不綁架兒童，她只對圓桌騎士下手。在圓桌騎士裡面，她又特別喜歡蘭斯洛特。在各種版本的故事中，蘭斯洛特被摩根用各種花樣反覆綁架幽禁，雖然仙女詭計百出，但這位法國騎士憑藉自己對格溫娜維爾的堅貞愛情毫不動搖，每次都讓摩根功敗垂成。

那麼難道是摩根暗戀蘭斯洛特嗎？在十三世紀的詩集《蘭斯洛特的聖杯》中，提出了不同答案：那就是摩根企圖借助蘭斯洛特摧毀格溫娜維爾！

原來，格溫娜維爾曾經阻撓摩根與情人的私會，並將其趕出亞瑟王的宮廷，所以這位仙女懷恨在心百般報復。發現了蘭斯洛特與格溫娜維爾的感情之後，摩根便把精力從折磨圓桌騎士，轉移到揭穿英格蘭王后偷情的祕密上來。

為了達到目的並折磨對手，摩根先是向宮廷進獻了一只不貞女人使用時會漏水的角杯，又將蘭斯洛特在被囚禁期間所畫的思念情人的畫作拿給亞瑟王欣賞。這一切手段，最終導致了蘭斯洛特與亞瑟王的決裂，並摧毀了堅不可摧的亞瑟王朝。

馬洛禮在《亞瑟王之死》中對摩根的描寫，達到了一個惡毒女子手段的最高峰：在亞瑟王參加卡姆蘭之戰前夜，摩根向自己的情人騎士阿科隆（Accolon）透露說，只要亞瑟王一直隨身攜帶著湖中劍的劍鞘，那麼他就不會受傷、更不會死去。於是阿科隆盜走了亞瑟王的劍鞘，導致亞瑟王終於死在莫德雷德手下。

凱爾特神話中的仙女總是與魔法、詭計密不可分

3 騎士之母薇薇安

提起薇薇安這個名字，除了大法師梅林可能會面露苦澀之外，幾乎每個圓桌騎士都會齊聲讚美歡呼。這位居住在聖湖湖畔的女巫是蘭斯洛特的養母，也是亞瑟王朝的朋友。

薇薇安在早期神話中是一位領主，有自己的領地和臣民，而領地的入口是一個大湖。隨著亞瑟王傳說的發展，薇薇安的領地變成了仙女的國度，她自己也從一位女領主變成了湖之仙女的首領。

作為一個謹慎的仙女，薇薇安幾乎從不涉足人世。她需要與蘭斯洛特或亞瑟王聯絡時，總是派出自己屬下的女信使。在這一點上，薇薇安與摩根是截然不同的兩種作風。

在亞瑟王傳說早期，宮廷的首席謀士是大法師梅林，可隨著故事的演變和版本的更迭，亞瑟王的謀士漸漸變成了女巫薇薇安。薇薇安的嶄露頭角，與蘭斯洛特進入圓桌會議和梅林的神祕失蹤幾乎同時發生，於是關於薇薇安是梅林的情人，以及她殺死或囚禁了梅林的故事也隨之誕生。

與亞瑟王初次接觸時，薇薇安用的名字是湖之夫人

薇薇安的領地在大湖之下，這與凱爾特傳說中的冥界遙遙呼應，也說明了薇薇安與死亡的特殊聯繫。畢竟在凱爾特神話中，人類亡靈要穿越深邃大海後才能進入冥界。

後來，隨著摩根這個形象逐漸變成反面角色，阿瓦隆島成為薇薇安的領地，而她也成為最後接引亞瑟王前往阿瓦隆島的三仙女之一。

總體來看，薇薇安這個形象的出現晚於摩根。她是隨著蘭斯洛特的故事一同出場的，初登舞臺的薇薇安，一出手就劫持了年幼的亞瑟及其兩位堂兄弟萊昂內爾和鮑斯（Bors），她悉心照料他們，向這些孩子灌輸騎士精神的精髓。

薇薇安不僅是一位教育家，她還是個偉大的軍火商。讀者應該對蘭斯洛特從養母那裡得到的全套裝備記憶猶新，其實薇薇安曾經向很多圓桌騎士提供過武器裝備——其中最著名的，就是她化身湖之夫人贈給亞瑟王的那把湖中劍。

薇薇安將湖中劍贈送給亞瑟王

除此之外，薇薇安在製作魔法道具方面極富才華。她所製作的魔法道具，或者可以庇護使用者不受傷害，或者可以幫助人們破解詛咒。歸根結底，這一切都證明了薇薇安是一位法力無邊的強大仙女。她極為擅長用魔法轉換人們的性格，她曾將勇敢的騎士變成膽小鬼，也曾將懦夫變成英雄。總體來說，薇薇安用魔法勸人向善，讓人的心靈走向正義和光明。

這也是她在亞瑟王傳說中受人喜愛的緣故，無論在什麼時代，一個正義的朋友總是受歡迎的。

第七節　圓桌和圓桌騎士們

圓桌騎士是圍繞在亞瑟王旗幟之下的一個武裝團體。如今懸掛在溫徹斯特城王宮大廳裡的那面大圓桌，不僅是亞瑟王妻子格溫娜維爾傳說中的嫁妝，更是一百五十名歐洲各地的豪傑們圍坐議事的辦公桌。

圓桌的含義是平等和團結，在圓桌上沒有地位差異和君臣之別。正是由亞瑟王傳說起，才誕生了所謂「圓桌會議」這個特殊名詞。各位代表的席位不分上下尊卑，著重體現與會者地位平等和協商精神。

圓桌會議的概念具有普世精神，得到全球各個國家的廣泛認同。例如著名的聯合國安理會，就是按照亞瑟王傳說中的圓桌會議形式進行佈置的，各國無論強弱、貧富、大小，都可以在聯合國旗幟下獲得平等地位。

1 亞瑟的英雄們

用一句話來概括圓桌騎士們的來歷的話，那就是先有聖杯，後有騎士團。

大家公認，蒙茅斯之傑佛瑞所著的《不列顛諸王記》是亞瑟王傳說的主要源頭。傑佛瑞描繪了亞瑟王內統不列顛、外禦撒克遜，佔領法蘭西、遠征古羅馬，簡直是亞歷山大大帝再世，凱撒、屋大維重生。只可惜奸賊莫德雷德叛亂篡位，害得一代英主就此隕落。這個故事集中的很多情節，都成為後世有關亞瑟王傳說的藍本，只不過書中一沒提過聖杯，二沒講過圓桌騎士團。

當亞瑟傳奇中的聖杯概念被法國人炒熱以後，圓桌騎士團的概念便隨著聖杯題材一併發展起來。例如號稱「酒鬼伯隆」的羅貝爾，他身為騎士文學的狂熱粉絲，積極推動了亞瑟手下的騎士們尋找聖杯的傳奇。此後，在不同國度的不同作家筆下，誕生了一個個尋找聖杯的圓桌騎士。這些英雄隨著時代累積如滾雪球一般越來越大，最終在湯瑪斯．馬洛禮編寫《亞瑟王之死》時，出現了自成體系的圓桌騎士組織。

有些亞瑟王傳說故事認為，亞瑟王本人就是個騎士故事的狂熱粉絲，他下令圓桌騎士們每天都必須出門冒險，然後在晚飯前逐一聽取這些騎士們彙報當天行俠仗義的具體情況，若是沒聽完這些騎士的奇遇故事，他就吃不下飯。

在這種氛圍中，當圓桌騎士們知道有聖杯這等神物之後，自然是奮勇爭先蜂擁而去，留下沒故事好聽的亞瑟王坐在大圓桌前發呆了。

歐洲傳說中大圓桌能坐下的人數並不確定，主要有十二人和一百五十人之分，此外還有二十、二十四、三十二、五十、一百二十八等不同數位，最誇張的數位是一千二百——說起來歐洲的民間故事也真是夠隨心所欲的。十二人之說，可能是受到《聖經》中耶穌十二門徒，和查理曼大帝帳下十二名大騎士的法蘭克民間故事影響，其實所謂十二人，指的是亞瑟王傳說中排位靠前的十二名大騎士。而一百五十人之說，則在馬洛禮的《亞瑟王之死》中側面印證，這本書中曾提到，大圓桌本是亞瑟之父尤瑟王特製的，能圍坐一百五十人之多，又提到格溫娜維爾在嫁給亞瑟時，除了帶來大圓桌之外，還另加一百五十名護送的騎士云云。

騎士們的圓桌會議暗藏玄機，這個「平等」二字，並非字面意義上那麼單純。例如騎士們在大圓桌自己的位置上標注姓名，卻有一個特殊的沒有標出姓名的空位，那裡是為將找到聖杯的完美騎士預留的。一旦有人大咧咧坐上去、又被上帝判斷為不合格的話，就會有殺身之禍。

既然有了姓名標注，那麼在大圓桌上落座時大家都要按規矩來，低級騎士不能隨便坐在高級騎士的位置上。騎士的座位

圓桌騎士團中的騎士們多數彼此之間都有親友關係，這也符合歐洲傳統意識形態中貴族血統純正與高貴的要求。

也隨著身分變化而微調，例如圓桌騎士珀西瓦爾最初在「二等座」上落座，有了一定聲望後，就被升級到那個「空位」旁邊就座。坐在這裡可不是什麼好事，萬一哪天一疏忽坐錯了位置，隨時就有蒙主召喚的危險。

這個位置後來給了蘭斯洛特之子加拉哈德，這位被稱為「最純潔的騎士」的年輕人，一加入圓桌會議就坐在那個命中註定的位置上。他果然找到了聖杯，而他的靈魂也被天使簇擁著飛上了天堂。

大部分圓桌騎士們彼此之間都有親友關係，這也符合歐洲傳統意識形態中貴族血統純正與高貴的要求。當然這也讓他們彼此之間更容易拉幫結派各立山頭，但總體而言，亞瑟王在位時，圓桌騎士們還是可以做到精誠合作。這是因為圓桌騎士團有共同遵守的誓言，每一個成員在加入時都要發誓遵守。流傳至今的圓桌騎士誓言版本，大多源自湯瑪斯·馬洛禮之手，其誓詞大致如下：

永不施暴、永不謀殺；
永不叛國；
永不冷酷，寬恕自己的敵人；
總是給予女士以援助，永不脅迫女士；
同情苦難的人民；

為世人的利益萬死不辭；
騎士只參加正義的戰爭！

當然，這些誓詞在不同的故事版本中各有不同，例如有些傳說就特別強調圓桌騎士們必須保護教堂，反對教會的敵人。至於這些話是誰塞進故事裡去的，明白得很……

中世紀的騎士故事都會強調，幾乎每位騎士都遵守誓言，維護著圓桌騎士的榮譽。但我們看看亞瑟王故事的結局，這句讚美的話真是反諷意味十足。

中世紀版畫，圓桌會議

2 風流騎士物語

光憑榮譽和信仰是編不出好故事的，古今中外所有的傳奇故事，基本都是一個套路：美女愛英雄。在中世紀歐洲貴族階層，尤其是貴婦人階層，非常流行所謂的「風雅愛情」。這種風雅愛情是將基督教對於聖母瑪麗亞的崇拜，延伸至凡人身上而產生的，即要求仰慕者以對待聖母般的情懷去愛自己的心上人。有了這種精神需求，就無怪乎騎士傳奇中會有那麼多英俊多情的騎士和傾國傾城的貴婦了。

一般只要抓住「貴族傳統」、「善解風情」、「優雅謙遜」這三點核心要素，再加上騎士和貴婦這一對主角，編出一部中世紀版本的愛情冒險傳奇大片，簡直是手到擒來。

六世紀的詩人福圖納，寫過這樣的詩句來讚美精神戀愛：

我以恭順且忠誠的心崇拜您，
以上天般的誠摯情誼，
毫無肌膚之親，
在我內心愛的並非肉體，
而是我精神所期待的激情。

到了十二世紀，安德列．勒．夏普蘭在《愛情論》一書中，記載了圓桌騎士們的愛情憲章：一個布列塔尼的騎士在亞瑟王王宮接受挑戰，得到的獎品是「鷹獎」，即放在長長鷹杆上的一張「愛情憲章」。

這份亞瑟王朝的愛情憲章有以下的規定：

婚姻不是不能愛人的有效藉口；

善妒的人不會享有愛情；

沒有人可以同時擁有兩份愛情；

愛情會不斷地增加或減少；

不顧別人感受而硬搶來的愛情是索然無味的……

考慮到這本《愛情論》成書時亞瑟王傳說早已誕生，簡直讓人懷疑作者是不是故意拿圓桌騎士的故事做反諷的例子。騎士中固然有高文那般的正人君子，也有加拉哈德這般不諳世事的純潔少年，但讓讀者印象更深刻的一些騎士愛情故事，卻幾乎違反了上述愛情憲章的每一個條款。且不提亞瑟王、格溫娜維爾與蘭斯洛特之間的三角糾葛，其他一些圓桌騎士也同樣不是不食人間煙火的泥胎木偶，他們對於追尋愛情和幸福，甚至比尋常人更為執著和激進。

也正因為如此，亞瑟王傳說才能在歐洲流傳數百年而經久不衰——沒有群眾喜聞樂見的內容，又怎能稱得上是合格的文藝作品呢？

與蘭斯洛特一樣，圓桌騎士中的伊萬（Yvain），這個角色也是由法國作家特洛瓦之克里田創造出來的。下面的騎士愛情故事，首先要從伊萬的傳奇講起……

雖然「伊萬」聽起來不像是一個不列顛人的名字，但他千真萬確是有自己的歷史原型的。在不列顛西南部，曾有一個叫作雷格德（Gorre）的凱爾特人王國，西元六世紀末期的父子兩代國王尤里安（Urien）和歐文（Owain），都是率軍擊敗撒克遜入侵者的民族英雄，其中的歐文便是伊萬的原型。

雖然伊萬是法國人筆下的角色，但稍後的英國作家毫無顧忌地挪用，並且為他恢復了「歐文」這個凱爾特原名。於是在英法兩國的亞瑟王傳說中就出現了有趣的雙胞胎案，伊萬和歐文的身世一樣，具體的傳說也基本類似，只是名字一個是英倫風、一個是歐陸風而已。

英國作家筆下的伊萬加入了奧克尼部落，他成為高文的堂兄弟，甚至他的母親也變成了仙女摩根！在騎士故事中的伊萬對亞瑟王非常忠誠，卡姆蘭之戰中，他公認是為守護亞瑟王而慷慨犧牲的最後一名圓桌騎士。

在《獅子騎士伊萬》（*Yvain, the Knight of the Lion*）中，特洛瓦之克里田講述伊萬為了替騎士兄弟出頭，前往布列塔尼的布羅塞利昂德，將把守神泉的紅髮騎士埃斯柯拉多斯（Esclados）打成重傷。埃斯柯拉多斯拚命逃回城堡，伊萬不依不饒地緊追不捨。結果當他衝進大門的一刻，城堡吊橋落下來砸死了他的馬。

被困住的伊萬得到侍女小月（Lunete）搭救，見到了「世界上最美麗的女人之一」的城堡女主人勞汀（Laudine）。伊萬對剛成為寡婦的勞汀一見傾心，立即狂熱地愛上了她。伊萬的愛情可不是什麼精神戀愛，他打算娶了寡婦，做城堡的新主人！

在這裡小月扮演了紅娘角色——這位姑娘不得了，她是被公認為法國古典文學中狡黠僕從的經典原型人物。在特洛瓦之克里田筆下，可愛俏皮的小月認定伊萬會是一個更優秀的男主人，於是用盡手段去讓女主人接受殺夫仇人伊萬的愛。

至於為什麼小月會幫助伊萬，後來的法國民間傳說做了進一步的交代。據說小月是個可憐的孤兒，曾受過伊萬的照料，所以才會如此報恩。

現在回到特洛瓦之克里田的故事中。小月運用魔法和口才成功說服了女主人，終於讓伊萬得償所願。

但後來伊萬為了前往卡美洛城追隨亞瑟王而離開了自己的妻子，他許諾一年之內返回，但等他返回時早已逾期多日，結果勞汀無情地將他拒之門外，還一併懲罰了做媒的小月。

失去家庭的伊萬一度精神失常，他漫無目的地流浪，從巨龍爪下救出了一頭獅子。從此獅子忠誠地陪伴著他走遍四方，為伊萬帶來了「獅子騎士」的綽號。

在中世紀的傳說中，獅子剛出生時沒有生命，經過三天後才會復活成為小獅子，所以教會經常用獅子來比喻耶穌，而伊萬拯救獅子，象徵著他選擇了基督信仰。圓桌騎士中與獅子結緣的有很多，包括亞瑟王在內有三位「圓桌騎士」被稱為英格蘭雄獅，而類似伊萬這樣找到獅子朋友的，還有一位珀西瓦爾。

《獅子騎士伊萬》中的伊萬有個美好的結局，他再度拯救了小月，並且最終得到了勞汀的原諒。他回到闊別多年的布羅塞利昂德城堡中，和勞汀、小月，還有那頭忠誠的獅子幸福團聚在一起。

威爾斯版本的歐文故事《清泉夫人》，幾乎完全複製了伊萬的故事，在這裡同樣有美麗的寡婦、機智的女僕，和報恩的獅子。此外在如《朗納布懷的夢》等故事中，歐文的動物朋友被替換成更有凱爾特文化色彩的渡鴉。

在凱爾特神話，尤其是愛爾蘭神話中，人們相信渡鴉和烏鴉都是象徵死亡的不祥之鳥。這樣一來，故事中關於歐文和亞瑟王在卡姆蘭之戰後，在仙境中下棋的情節，就充滿了主角歸宿的暗喻。

如果說伊萬和勞汀的故事是殺夫奪妻的粗暴愛情，那麼崔斯坦（Tristant）與伊索德（Iseult）的故事就是通姦偷情。

有些研究者根據威爾斯傳說指出，皮克特國王塔洛爾克的兒子德拉斯特，就是崔斯坦的歷史原型。這位八世紀時的凱爾特小人物在歷史上沒留下什麼驚天動地的事蹟，但從他形象中衍生出來的圓桌騎士，卻在風流史上留下了堅實的足跡……

崔斯坦是蘇格蘭人，他的父母是里昂奈斯王夫婦。他所在的國度，是個地圖上小到簡直需要用放大鏡尋找的彈丸之地，而他出生時的命運更是悲慘：里昂奈斯王后生育時難產，在彌留之際給自己的兒子取名為崔斯坦，在凱爾特語中這是「悲傷之子」的意思。

不管怎樣，成年後的崔斯坦還是成為一個英武的青年。他在叔父康沃爾的馬克王那裡被封為騎士，緊接著就奉命去愛爾蘭接回自己未來的嬸嬸，也就是馬克王的未婚妻——愛爾蘭公主伊索德。

當時愛爾蘭正遭受外敵入侵，形勢危急，恰好趕到的崔斯坦二話不說提劍參戰，以蓋世無雙的驍勇打敗了敵人，從而贏得了公主的愛慕。

愛爾蘭王后希望女兒嫁到蘇格蘭以後，能夠與夫君恩恩愛愛白頭到老，於是拿出了傳家之寶「相愛酒」。在回康沃爾的海船上，伊索德公主和崔斯坦坐在甲板上聊天，竟然把「相愛酒」拿來分著喝了。這下可好，孤男寡女乾柴烈火，好一通靈與肉的結合……

等到酒醒了，兩人傻眼了——男方成了背叛君王和背叛叔父的雙重罪人，女方也成了敗壞國家榮譽、毀滅政治聯姻的千古淫娃！因為這樁婚姻涉及兩國之間的合約，所以不是伊索德公主和崔斯坦私奔就能解決問題的。

前面提過，就連法國貴族也是強調新娘在婚前貞潔的，更別說是彪悍的蘇格蘭人了。於是伊索德和崔斯坦想出用公主的侍女布朗溫瓜代的計策。就在馬克王的新婚之夜，喝得醉醺醺的新郎稀裡糊塗地度過洞房花燭夜，以為自己的新娘是完璧處子。

崔斯坦與伊索德喝下相愛酒

按說這次蒙混過關以後，兩人應該吸取教訓安分守己，但兩人偷情上癮不斷幽會。天下沒有不透風的牆，很快就有侍從提醒馬克王說：他倆獨處的次數過分多了吧？

馬克王半信半疑之下，決定躲藏在一棵果樹上一窺究竟。結果馬克王在水中的倒影被廝混的兩人發覺，他倆便在馬克王眼皮底下演出了一場做作的好戲來證明清白。這一幕叫作〈樹下的崔斯坦〉，成為中世紀文學作品中的經典段子。

但馬克王不是弱智，伊索德不忠的罪行最終還是敗露了。責問之下，伊索德高調聲稱願意接受上帝的考驗，站在一塊燒紅的烙鐵上證明自己的清白。在前往教會接受審判的路上，這位王后忽然將自己的戒指施捨給一個乞丐，趁機碰了一下乞丐的手，而這個乞丐正是她的情人假扮的。

伊索德不愛政治聯姻下的丈夫康沃爾的馬克王

於是在站上烙鐵之前，伊索德向上帝發誓說除了自己的丈夫和一個乞丐之外，自己沒碰過任何一個男人的手。這種詭辯居然瞞過了上帝，讓她通過了審判。

關於伊索德和崔斯坦的結局有非常多的版本。在中世紀的散文版本中，馬克王趁崔斯坦為伊索德彈奏豎琴時，用刀從背後刺死了侄兒。在亞瑟傳奇的詩歌版本中，則講述了馬克率兵偷襲正在幽會的崔斯坦和伊索德，崔斯坦身受重傷，逃回布列塔尼。在生命垂危之際，他托人傳信給伊索德，希望她能來見自己最後一面，如果她能來就在船上掛白帆，如果不能來就掛黑帆。伊索德衝破馬克王的阻撓前去看望自己的情人，但匆忙中船長忘記升起白帆，結果崔斯坦遙望著海上的黑帆絕望而死，而伊索德也因為悲傷過度死在情人身邊。兩人被埋葬在一起，多年後從崔斯坦胸口長出一株葡萄藤，從伊索德胸口長出一株玫瑰，兩株植物緊緊纏繞生死不離——這個傳說後來成為中世紀關於愛情的經典故事。

細品伊索德和崔斯坦的故事，在傳統的道德批判之外，這對追求真愛的情人，得到更多的是讀者的同情和諒解。數百年來，無數讀者為他們的結局而歎息，為他們的愛情而流淚。

第八節　聖杯之謎

按每個國民平均擁有的財富計算，世界上最富有的國家是哪個？

答案是：梵蒂岡。

自西元七五六年「丕平獻土」（Donation of Pepin）以來，梵蒂岡究竟有多少財產一直是個謎。因為教皇國從不公佈自己的帳簿，所以迄今無人破解。

教皇和商人，似乎是風馬牛不相及的兩個概念。可只要翻翻歷史書，就會看到歐洲歷史上最大規模的幾次傾銷都是教皇發起的。例如中世紀時歷任教皇都認為，自己在人間就該享受天堂般窮奢極欲的生活，所以有多次教皇把教廷國庫揮霍一空的紀錄。

當然，破產這事與教皇無關，教會有的是辦法從自己的信徒那裡撈錢。在各種搜刮錢財的行銷手段中，贖罪券就是一個絕妙的方法，它的發明者是博義八世教皇。一三〇〇年，手頭正緊的博義八世為了推動羅馬的旅遊業，宣佈凡到羅馬朝聖的信徒可免除受洗以後所犯的罪──哪怕是殺人放火、大逆不道。古代交通不算便利，所以回應者寥寥無幾。於是博義八世又出一招，宣告凡未能親身到羅馬朝聖者，可用金錢代替。到了教皇西克斯特四世的時候，乾脆在一四七六年宣佈，生前行為不端者死後要先入煉獄，生者應為他們購買贖罪券以減輕痛苦。贖罪券自此獲得最高權威認可，在歐洲各地賣得好像福利彩券一樣紅火。

除了贖罪券以外，還有一樁聖物走私的買賣也很紅火。與贖罪券不一樣，聖物走私的銷售對象在教會內部，準確地說是由教皇賣給世界各地的教堂。

在中世紀，作為一家說得過去的教堂，怎麼也得有點基督留下的聖物坐鎮。例如釘死耶穌的真十字架的木屑、耶穌裹屍布的殘片之類，這些東西大多是從阿拉伯人手裡販來，經過梵蒂岡認證的真品。時間長了，教堂的主教們也會疑惑：全歐洲收藏的真十字架木屑湊起來都快夠一棵參天大樹了！於是梵蒂岡做一本正經的解釋：因為聖靈的神力，所以真十字架被取下碎屑後可以自動復原！

細數起來，中世紀在各國教堂和王室之間倒買倒賣的聖物，還有將耶穌釘上十字架的聖釘、沾染過耶穌之血的聖槍等等，甚至還有好多塊聖包皮！

這樣算下來，在以耶穌之名而被稱為聖物的東西中，一直沒見蹤影的屈指可數，而聖杯就是其中一個。

1 神祕的聖杯

說起來，在基督教認定的聖物當中，聖杯還算比較有公信力的。畢竟關於最後的晚餐的故事，無論是在《聖經》、還是藝術作品中都廣為人知。即使我們從生活角度來推測，也必然得出結論：耶穌及其門徒在人間時必定要使用餐具，所以聖杯本身存在過是毋庸置疑的。

但為什麼最後的晚餐用過的餐具中只有聖杯流傳後世，沒聽說有什麼聖碟子、聖碗、聖刀叉呢？原因就在於基督之血：基督教最為常見的禮儀之一是「聖餐」，儀式中人們飲用紅葡萄酒來代表接受基督之血。按照基督教傳說，羅馬百夫長朗基努斯曾用長矛插入基督身側以確認他的死亡，當時約瑟夫就拿來基督在最後的晚餐中用過的酒杯，以承接流出的血液。所以在基督教教義中的聖杯，是在耶穌殉難時，用來接順著十字架流下的耶穌之血的器具——即所謂的「十字架聖杯」，因此才會如此神聖。

當然，就像所有的傳說故事一樣，對同一事物在不同的地方有不同的解釋。聖杯其實只是一個概念，並不是說它就是某個酒杯。例如有版本認為，聖杯是一個深底的碟子、一盞外形花哨的神燈、兩個小瓶子，或者乾脆是一塊神石。

根據我們對古羅馬時代刑場的想像，似乎最後一種最有可能。不過中世紀時絕大多數信徒都認為聖杯就是一個神祕的酒杯，所以在亞瑟王傳說中，凡是涉及聖杯的時候，大致上也都是如此描述的。

在尋找聖杯的路上，圓桌騎士創造了無數傳奇

雖然聖杯的故事存在大量的非基督教教義的成分，它的本質依然是由宗教人士編纂出來的基督教寓言故事大全，並受到梵蒂岡的官方認可。所有聖杯故事的核心都在講述對上帝的崇拜，舉凡沾染到古代異教迷信的內容，都被教會人士改頭換面、更好地體現基督教精神。

十字架聖杯的傳說，是典型的宗教洗腦產物，在基督教傳播早期，就已經被狂熱的傳教士當成顯聖的範例反覆提及；一個常見的小手段，就是由傳教士或神父在宗教儀式中，表演聖杯可以將葡萄酒轉換成耶穌之血。

聖杯的故事在推廣過程中不可避免地會與各地的古老傳說相融合，最後讓歐洲各地都流傳著觸碰過耶穌之血的聖物的傳說。就像亞瑟王傳說中也曾提到，聖杯令國王的麻瘋病痊癒，甚至是令死者復活——按說這是典型的異教信仰罪證了。

遵循歷史的脈絡，我們可以發現中世紀的聖杯傳說熱與十字軍運動的起落同步。當歐洲人熱情地投入十字軍遠征行動中時，亞瑟王率領圓桌騎士參加十字軍的傳說也隨即出現。縱然十字軍運動幾起幾落連遭挫敗，但圓桌騎士追尋聖杯的純潔與虔誠，還是在一定程度上幫助歐洲人恢復了士氣和信念。

當然，並不是所有的歐洲百姓都吃這一套，否則也不會有薄伽丘《十日談》裡，馬台利諾裝成拐子，去觸碰聖者遺體來嘲弄眾人的故事了。不過話說回來，在任何時代，頭腦清醒都是少數派的標誌，正如馬台利諾故事的結局那樣，發現受嘲弄的信徒不是反思自己的迷信，而是惱怒自己的信仰被調戲而大打出手。

2 聖杯傳說

在凱爾特神話中，有些元素與基督教的聖杯傳說暗合。例如在威爾斯的《佩雷多》等神話傳說中，戰士們受傷後，由仙女或女巫從類似聖杯的羊角杯中，取出藥膏為他們塗抹。而愛爾蘭神話中父神達格達的那口神鍋，能為眾人提供取之不盡的食物，也被認為是聖杯傳說的起源之一。在《馬比諾吉昂》中的布蘭故事裡，那口讓在戰場犧牲的戰士復活的神鍋，更成為日後聖杯使人痊癒或復活的濫觴。

在中世紀，代表著教會美德的婦女，托舉著代表聖杯的器具參加彌撒儀式，後來這一常見的情景被寫進亞瑟王傳說裡，成為少女或天使托舉聖杯出現在圓桌騎士面前的原型。除了這種聖杯侍女的形象外，亞瑟王傳說中還有約瑟夫手捧聖杯出現的描述。不過雖然是聖徒，大叔出現的次數還是遠遠少於美麗少女的……

流傳至今的聖杯故事，絕大部分內容都是由中世紀的修士們完成的，這幫吃飽了沒事幹的外國人不事生產不諳世事，他們在修道院中過著與世隔絕的生活，完全依靠自己貧乏的想像來腦補一樁樁關於聖杯的傳奇。例如阿拉伯傳說中有神燈，所以天主教西多會修士就宣稱聖杯是一盞神燈，至於問到神燈究竟是

在聖杯傳說的一些版本中，指引騎士和展示聖杯的總是純潔的少女

什麼模樣，他們就支支吾吾閃爍其詞了。

在印刷術還沒有流傳到歐洲的時代，歐洲從國王到農夫往往都是文盲，知識壟斷在教會手中。修士們幻想出的故事，主要依靠受過神職訓練的抄寫員來傳播，這些抄寫員往往也是教會成員。就在這種小圈子裡面以訛傳訛的傳播過程中，造成多種版本、卻又大同小異的聖杯傳說。修士們在創作過程中，盡可能地加入著名的聖經故事和受歡迎的民間傳說來為文章增色，但由於教會要求聖杯故事，必須體現人類在追尋過程提升自身的精神境界——也即是虔誠投身於基督教教義中，所以聖杯故事最後都會萬川歸海匯成教條的宗教教育。

你要肉體清白，你要精神虔誠，你要慷慨無私，你要勇敢無畏……總之你要變成一個完全脫離塵世欲念，也就是所謂的超人，才可能找到聖杯，例如蘭斯洛特這樣的豪傑，就因為偷情犯了淫亂之罪而無緣聖杯，這種刻板的故事模式，讓聖杯傳說在非基督教國家的影響力遠不如亞瑟王傳奇。

當然，修士們並沒有忘記把自己寫入聖杯故事中。例如每次蘭斯洛特受傷的時候，周圍都碰巧會有隱士的小屋供他療傷。珀西瓦爾等騎士在尋找聖杯過程中失去線索時，也都會找修士來指點迷津。這些神祕的大能修士或者在山洞裡，或者在石柱中，或者在樹頂上，總之他們從不住在正常的地方，有時候要找到他們，還得借助耶穌受難節之類的特定宗教節日才有可能。

法國作家伯隆的《亞利馬太人約瑟》（*Joseph of Arimathea*）中，是將聖杯故事交織在一起，以拉丁文寫成的長詩。其中敘述判決耶穌死刑的羅馬官員彼拉多，親自將聖杯交給約瑟，讓這個從犯來收取耶穌受刑時流下的鮮血。後來約瑟被羅馬弗拉維王朝的創立者韋斯巴薌赦免，他說服這位皇帝皈依了基督教，並率領徒眾繼續傳教。

《亞利馬太人約瑟》首先提出了「漁人國王」的故事。約瑟察覺在自己的追隨者之中，有些人犯了貪欲之罪，於是他重造了最後的晚餐之聖餐桌，他的妻弟布龍（Bron）將自己捕到的一條魚烹調之後端上聖餐桌，等眾人來用餐時聖餐桌顯聖了。那些清白的人可以坐下來享用魚肉，而犯罪者則無法靠近桌子，最終被驅逐出去。從此以後，布龍得到「漁人國王」這個綽號。後來他在同族人阿蘭和佩德羅的幫助下，帶領整個宗族遷回歐洲，日後所有的聖杯騎士都是這批移民的後裔。

正在尋找聖杯的圓桌騎士

在拉丁文《聖經故事集》中，接著講述了約瑟將聖杯帶到不列顛，接替布龍擔任「漁人國王」的阿蘭，將聖杯存放在科爾班尼克城堡中，由他與約瑟的兒子約瑟夫負責守護。正是聖杯的守護者為不列顛帶來了基督教福音，從他們開始，英倫三島開始了基督化進程。

當然，就像所有的宗教故事一樣，總有不信者受到處罰這種殺雞儆猴的戲碼。在護衛聖杯的同行者中，就有懷疑聖杯力量的莫爾德拉恩被詛咒成為永久的重度殘疾人，直到真正的聖杯騎士前來拯救他。這位被稱為「廢王」的可憐人，在後來的傳說中成為找到聖杯的關鍵，他被圓桌騎士用聖槍拯救而使得聖杯出現。根據傳說的不同版本，救他的英雄是加拉哈德或珀西瓦爾。

至於聖杯的最終下落，除了剛才提到的科爾班尼克城堡之外，還另有傳說認為，約瑟最終在格拉斯頓伯里落腳，居住在他自己興建的一座修道院裡。在約瑟榮歸天國之前，聖杯被他親手埋進了修道院地下。

3 聖杯騎士

終於到了圓桌騎士出場的時刻，正是這些亞瑟王屬下的騎士，將延續千年的聖杯傳說推向最高潮，用他們追尋聖杯的光輝歲月，塑造出不朽的傳奇故事。

在絕大多數的亞瑟王傳說中，聖杯的相關概念，是由前知五百年、後知五百年的大法師梅林灌輸給大家的。終於有一天，一位神祕少女手持聖杯出現在圓桌之前，當騎士們震驚地向聖杯禱告時，憑空出現的少女和聖杯又不告而別。為了奪取找到聖杯的至尊榮譽，圓桌騎士們放棄了卡美洛的悠閒生活，不遠千山萬水，冒著生命危險踏上尋杯之旅，很多人再也沒有回來。

在主流的傳說中，最後找到聖杯的圓桌騎士是珀西瓦爾、鮑斯和加拉哈德，其他的圓桌騎士英雄都因為個人缺陷與聖杯無緣。而在中世紀，最受歡迎的聖杯故事主角，就是珀西瓦爾這位木訥的騎士。

珀西瓦爾這個角色，就是為聖杯故事服務的。他誕生於特洛瓦之克里田的《聖杯的故事》（*The Story of the Grail*）系列著作中，並擁有自己獨立的篇章〈珀西瓦爾〉。

在故事中，這位心靈純淨的騎士與其他重要角色一樣有著王室血統，他的亡父也曾是一名貴族騎士，但這一切在他的成長歷程中沒造成任何影響，因為他可憐的母親不願意兒子重複父親的悲劇，所以沒讓自己的兒子接觸到任何一點騎士精神的薰陶。

然而珀西瓦爾體內流淌著的英雄之血，讓他自發地踏上追尋騎士精神之路，就在他成年的時候偶遇一隊圓桌騎士。珀西瓦爾立即被騎士的風采折服，一心想成為這些高貴戰士中的一員，於是他跟隨這隊騎士來到卡美洛城，加入亞瑟王麾下。

珀西瓦爾與圓桌騎士們一同出發尋找聖杯，克服千難萬阻之後，他終於抵達已成一片廢墟的聖杯城堡。在城堡中有一位被病痛折磨得奄奄一息的漁人國王，他自稱是聖杯的守護者，也是被詛咒的受難者，只有一個命中註定的騎士，向他詢問某個特殊的問題才能解救他。

漁人國王招待珀西瓦爾用餐時，出現了一隊由純潔少女組成的奇特儀仗隊。女孩展示了聖杯、用枝狀葉脈刺繡花紋裝飾的蠟燭台、一柄滴血的長矛等，種種奇怪、似乎有著特殊含義的物品。雖然心中有萬般疑惑，老實的珀西瓦爾謹記母親的教導，並沒有冒失地開口詢問，因為一個有禮貌的君子應該等主人主動介紹才是。

但是珀西瓦爾沒能等到主人為自己解開疑惑，第二天醒來時，漁人國王的城堡就消失了。不久後一個神祕的女人來到迷惘的騎士面前，責備他說：您怎麼不向漁人國王問問題呢？只要你問一句這個聖杯是為誰準備的，漁人國王所受的詛咒就消失了呀！

珀西瓦爾抱頭痛哭：哎呀，你怎麼不早說啊！你不說我怎麼知道呢？——可憐的漁人國王明明已經各種暗示明示過了呀！

就這樣，與聖杯擦肩而過的珀西瓦爾，在極度的悔恨與失落中，原地徘徊了五年之久，直到一位隱士飄然而至，告訴他漁人國王其實就是他的親叔叔！

珀西瓦爾簡直要吐血，繞了這麼大一個圈子，聖杯就在自己家門口！於是他急忙趕回故鄉，找到自己的叔叔問出了那句話，就在這一瞬間，殘疾的漁人國王恢復了健康，他的國土也重現生機。珀西瓦爾作為找到聖杯的英雄，繼承了叔叔的王國，成為新一任的聖杯守護者。

在威爾斯傳說中，珀西瓦爾就是《馬比諾吉昂》中的英雄佩雷多。

不過在這部故事裡，他冒險的原因不是尋找聖杯而是打敗邪惡的敵人。到了十三世紀初，在法國出現的《迪多家族——珀西瓦爾》一書中，珀西瓦爾是個懂得用聖杯治好國王傷患的聰明騎士。馬洛禮撰寫的《亞瑟王之死》，交代了珀西瓦爾的結局：這位英雄在亞瑟王麾下連年征戰之後，死於班師回朝途中。

除了英法之外，珀西瓦爾在德意志民族中也享有盛名。德國詩人沃爾夫・馮・埃申巴赫（Wolfram von Eschenbach）創作的長篇史詩《珀西瓦爾》深入人心。在這部作品中，聖杯成了由聖殿騎士團守護的代表騎士精神的神石，珀西瓦爾透過冒險，發現了偉大的聖杯王朝。珀西瓦爾的故事直接影響到近代偉大的作曲家華格納，這位開創了後浪漫主義歌劇潮流的大師，撰寫了歌劇《珀西瓦爾》（*Parsifal*），被譽為中世紀之後亞瑟王傳奇的巔峰之作。

在珀西瓦爾之後，尋找聖杯的英雄光環逐漸轉到蘭斯洛特的兒子加拉哈德頭上。編撰故事的作者試圖令人相信，加拉哈德是世界上最純潔的騎士，為了強調這一點，還專門為他設定了童貞騎士這個屬性。

就如同亞瑟拔出石中劍一樣，加拉哈德加入圓桌會議時也陰差陽錯地坐在那個危險的座位上。但他不僅沒有像其他人一樣遭遇死亡的厄運，反而是他的名字憑空出現在座椅的靠背上，充分印證了他就是天選之人。

根據愛爾蘭傳說，加拉哈德在圓桌上落座時常會出現幻視，能在恍惚間看到一個老人手持聖杯出現在自己面前，這是聖杯的首任守護者約瑟從天而降，向被選中的幾名聖杯騎士展示神跡。

在加拉哈德的傳說中，正是他時常看到的幻象，激勵著其他圓桌騎士繼續尋找之旅。很多著名的英雄都在尋找過程中迷失放棄，例如高文中途放棄了追尋聖杯，轉而經歷了很多英雄救美的故事。蘭斯洛特雖然在兒子的幫助下走完了整個征途，最後卻在即將見到聖杯時忽然昏迷，他意識到自己犯下的通姦罪行已經令自己與聖杯無緣，所以也徹底放棄了對聖杯的追求，回去找格

珀西瓦爾、鮑斯和加拉哈德找到了聖杯

溫娜維爾了。

只有始終不動搖的珀西瓦爾、鮑斯和加拉哈德抵達了聖杯城堡，見到了漁人國王或約瑟，因為這三個騎士才是真正被聖杯選中的聖杯騎士。在不同版本的故事中，聖杯騎士的結局有各種描述，有的說加拉哈德用聖槍治好了廢王，找到聖杯並成為聖杯守護者，在他去世後聖杯也被收回天堂；有的說加拉哈德捧起聖杯的那一刻，他的靈魂便被天使們簇擁著升入天堂；還有的說珀西瓦爾在尋找聖杯的途中獻出了自己的生命，加拉哈德捧起聖杯後升入天堂。只有眾人眼中平庸無奇的鮑斯全身而退，返回亞瑟王身邊，將整個聖杯之旅的故事講給大家聽。

默默無聞的鮑斯是圓桌騎士中最不起眼的一員，他缺乏特殊的能力，也沒有過人的功績，但他正直、誠實、謙虛、謹慎，就像許許多多的老百姓一樣，他就是我們這些凡人的代表，所以才會與那些最聖潔最高尚的英雄為伍，受到後世的膜拜。

因為亞瑟王傳說，說到底還是人的故事……

第四章　大河彼岸

身為蠻族文明的產物，凱爾特文化曾在歷史長河中湮滅許久。由於凱爾特人沒有留下文字資料，並且他們的命運是最終被征服、被融合，所以造成了一個有趣、也有點悲哀的局面——關於凱爾特文化的大部分資料都是由它的敵人留下的。

我們常說一句話：歷史是由勝利者書寫的。凱爾特人的文化史也是如此。在漫長歲月裡，凱爾特文化被希臘—羅馬文明燦爛輝煌的光芒遮蔽得難以察覺，直到今天，我們面對它時仍然如同隔著一條寬廣的河流，只能遙望和揣測。

命運總是難以捉摸，誰能想到近兩千餘年後，凱爾特文化又因為英國奇幻文學的興起而再度被人們看重呢？凱爾特人留下的神話傳說成為奇幻小說中架空世界的原型，凱爾特文化與聖經故事、北歐神話等結合起來，為托爾金、C．S．路易斯和J．K．羅琳等作者，構建起夢幻般的想像舞臺。

凱爾特人雖然早已消失在時間長河盡頭，但他們的文化遺產仍然如被泥沙掩埋的沙金一般，時不時在水面泛起迷人的光芒……

第一節　達南神族的故事

愛爾蘭島芒斯特省凱里郡是一個遍佈著早期基督教朝聖點的海角地帶。在愛爾蘭最西側的這片土地上，有愛爾蘭最早的加勒魯斯小教堂，有神聖的布蘭登山，還有美麗的基拉尼國家公園。

就在這片充滿基督教文化氣息的土地上，兩座圓形的小山丘默默聳立了千萬年之久。在遙遠的過去，那些凱爾特部落還遵從德魯伊教士的教誨時，這兩座名叫「安努之乳」的小山丘才是真正的朝聖地點——它們是孕育了愛爾蘭大地生命的安努女神的雙乳，神奇鬼魅的達南神族，就是女神留在愛爾蘭傳說中的不朽傳人。

1 大地的母親

在凱爾特人的時代，很多人的壽命活不過青少年時期，為了躲避饑寒煎熬和病痛折磨，自然會尋求精神上的慰藉。

大地之母安努主宰大地生靈的生老病死，保佑女性順利懷孕分娩，庇護嬰兒不會夭折。在凱爾特人的部落中，孕婦向安努祈禱順產，病人向安努祈禱康復——就連死去的人，尤其是夭折的嬰兒，在下葬時往往也會帶著安努女神的神像一同長眠。

在凱爾特人的傳統中，安努這類的大地之母還掌管動植物的繁育，尤其是土地肥沃和作物豐收都離不開她們的庇護。耕田的窮人向安努祈禱，酋長和商人也向安努祈禱，因為大地之母的恩寵與否，決定了大家的生活能過得富裕豐盛，還是會窮愁潦倒。

就凱爾特文化遺址中殘留的神像造型來看，大地之母總是以施捨蘋果、麵包、葡萄和錢幣的造型出現，這充分說明了凱爾特人對安努的訴求——她似乎是丐幫的大地之母呢。

隨著時代變遷，安努之名逐漸被傳為達努，但她的定位一直沒有改變過。

愛爾蘭神話中的女性神靈形象非常多。在基督教傳入之前的「野蠻」時代，愛爾蘭的統治者即位都由女祭司裝扮成女神與他舉行象徵性的婚禮。在婚禮上，女祭司裝扮的女神新娘會將斟滿葡萄酒的金杯遞給新郎，喝下它就代表國家從此接受太陽和光明的庇護，百姓會人丁興旺、綿延不斷——大地之母還代表著繁殖和強勁的性能力。

達努女神孕育了大名鼎鼎的圖阿薩·代·達南這個神聖的部落，該部落中的所有成員都是擁有神靈血統的仙子或仙女。在後來的愛爾蘭神話中，這個達南族部落構成了傳說中的達南神族。

達南神族本是大地的統治者，他們歷經血戰擊敗了邪惡的佛摩爾巨人與原住民福爾博人，在愛爾蘭島上生活了很多年。但隨著現代愛爾蘭人的祖先米列族入侵者到來，達南神族被擊敗並被驅逐出大地。於是，這幫神通廣大的仙靈們在大地深處、大海盡頭，或者說其實就是在冥界中，建立起了自己的樂園。

達南神族的酋長為他的子民分配了位於他方世界中的新家園。由於他們被認為分佈在洞穴、湖泊，以及遍佈愛爾蘭的史前墓穴中，所以這些達南神族的家園也被稱為「仙塚」或「仙堡」。

負責「分房」的酋長權力巨大，自然是德高望重之人。他在愛爾蘭神話中被稱為善神，他就是達格達。

2 聖父達格達

雖然凱爾特神話流傳至今，內容已經淩亂不堪，難以復原，但是當年凱爾特人信仰的，也是由血親關係構成的神祇家族——就如同希臘－羅馬、北歐等歐洲神話一樣。

在愛爾蘭的神祇當中存在一位神靈祖先的角色，他位於諸神之上，地位類似宙斯或奧丁。德魯伊教士稱其為「神」或「父」，羅馬人則為這位達格達送上「聖父」的尊號。

雖然號稱聖父，但這並不意味著達南神族的所有成員都是達格達的後裔。畢竟愛爾蘭的女媧安努女神還沒吭聲吶！

達格達是達南族的大酋長，其私生活並不很檢點。他的情人很多，其中最著名的便是愛爾蘭的烏鴉女神摩莉甘，不過在愛爾蘭的傳說中，這位女神始終秉持「一枝紅杏出牆來」的處世態度，處處留情的她，不時讓聖父綠雲罩頂……

達格達的凱爾特神靈原型很可能是錘神蘇瑟勒斯（Sucellos）。在凱爾特人稱霸歐洲大陸的時代，法國里昂地區是最重要的蘇瑟勒斯祭拜地點。在那裡，蘇瑟勒斯與太陽神盧古斯一同被祭拜。凱爾特人認為冬季將盡時，是錘神敲擊堅硬的土地，向大家預告陽光即將帶來春季的溫暖。他的大錘使得土地鬆軟，宜於播種。

愛爾蘭神話中的達格達總穿著非常短小的袍子，這也是凱爾特神話中蘇瑟勒斯的標誌性打扮。在這個凱爾特錘神的愛爾蘭版本身上，我們可以見到大錘變成了掌管人類生死的雙頭巨棒；一端可以殺人、一端則能夠使人復活。此外，還有聚寶盆般的神鍋和罐子，另一個寶物是魔琴。

在有些版本的民間故事中，達格達是一個吟遊詩人。達南族中的吟遊詩人可以直接與魔法師畫等號，達格達施法不用魔杖而用魔琴。他的魔琴碩大無朋，以珍貴的木材製成，其上鑲滿了金子和寶石，看上去美輪美奐。能夠撥動琴弦令豎琴發出神奇美妙旋律的只有達格達。當達南族的戰士與邪惡的佛摩爾族巨人作戰時，達格達就會舉起他的魔琴，用手指掃過琴弦，奏響號角般的旋律，為戰士們鼓舞士氣。當疲憊的戰士歸來時，達格達也會撥動琴弦，讓有魔力的樂音為每個人撫平傷痛和疲憊。

有一次，佛摩爾族人潛入達格達的神殿盜走了牆上的豎琴，這幫竊賊一路狂奔回到自己的城堡開始狂歡——世界上沒有什麼勞累是一頓燒烤打發不了的！沒想到酒過三巡菜過五味時，城堡大門被撞開了，達格達出現在大門口！

佛摩爾族的巨人們摩拳擦掌迎了上來，只見達格達朝牆上的豎琴喊道：「回來吧，我的魔琴。」掛在牆上的魔琴聞聲而動，向主人飛來，一路上殺死了所有阻擋它的人。達格達接過魔琴後手指一劃，奏出低沉的音樂，男人沉默，女人流淚，孩子嚎哭，所有在場的人都陷入極度的悲傷中，難以自拔。接著他又撫動琴弦，歡快的琴聲讓巨人們笑得渾身酥軟，連手裡的酒杯和長矛都掉落在地。當達格達最後一次奏起魔琴時，一陣輕柔的催眠旋律讓城堡裡的人全都陷入夢鄉，於是達格達悄然轉身，返回了自己的家園。

儘管達格達神通廣大，他始終無法改變達南神族的命運。當整個族群被迫遷入他方世界後，達格達僅剩福利分房這一項工作可做了。

達格達按照公平加自願的原則為自己的族人分配居所，但分來分去卻漏掉了自己與波安女神所生的兒子愛神奧恩古斯。當兒子上門抱怨的時候，這位馬虎的父親才發現自己手裡已經沒有房源了。無奈之下，達格達只好讓兒子去找達南族的國王努阿達，請求在國王的仙堡紐格蘭奇暫住一天一夜。

奧恩古斯抵達紐格蘭奇後立刻愛上了那裡，從此再也不提房歸原主的事情了。愛神這一住就是幾千年的時間，由於達格達這位老大哥的面子夠大，國王也只能吃了這個啞巴虧……

3 烏鴉女神摩莉甘

烏鴉女神摩莉甘因為愛化身為烏鴉出現在戰場上而得名，說起來這個頭銜其實是綽號，摩莉甘的本職工作其實是——死神和戰神，以及性愛之神……

據說摩莉甘並沒有安努女神的血統，反而與佛摩爾族有血緣關係。只因她被視為達格達的配偶，所以才位列達南神族。

摩莉甘最早出現在愛爾蘭神話體系中時，是一個出沒於達南族行軍路線上的啞巴女孩。達南族的首領發現這個孩子雖然不會說話，卻能用精神溝通的方式向他發出警告：佛摩爾族在前方用可怕的法術佈置了陷阱！

達南族首領半信半疑地繼續前進，果然在戰場上遇到了敵人可怕的魔法襲擊，就在戰士一個個倒下去的時候，一隻烏鴉飛過戰場上空：摩莉甘用她的法術破解了佛摩爾族的陷阱，幫助達南族人取得勝利。

愛爾蘭女神的形象大多為三位一體的模式，所以摩莉甘也有芭德（Badb）和瑪查這兩個孿生姐妹形象。在愛爾蘭神話中，摩莉甘決定勇士的命運，掌握戰場上的生與死，但隨著神話的演變，她的本性卻盡顯陰暗一面。

依據凱爾特神話的傳統，河流湖泊都是不祥之地，因為那裡是生與死的分界線。在愛爾蘭人的傳說中，如果出征的勇士路過河邊，碰見有女人在洗衣服，或是遇上飛翔的烏鴉，就要格外留心，因為摩莉甘最喜歡以這兩種模樣出現，並決定路過的勇士誰將會在今天死去。

某一則神話如此敘述戰士與烏鴉女神相遇的情景：

一隊勇士匆匆趕赴戰場，可他們卻在一處淺灘止步。眼前有一個高個子的幽靈般的女人，用憤怒猩紅猙獰的雙目瞪著他們。這女人雙腳泡在血水中，身邊盡是戰死的士兵。那些士兵只剩下殘缺不全的屍體、折斷的武器和破損的鎧甲盾牌，他們的傷勢如此嚴重，以至於連親人都無法辨認他們……

那女人用手指挨個點數眼前的勇士，口中發出令人毛骨悚然的笑聲。愛爾蘭漢子個個都被嚇得臉色煞白，恨不得轉身逃回自己的部落。無奈之下，首領鼓足勇氣上前問道：「請問您是哪位？」

「我是幽靈女王摩莉甘，家住克諾克納里亞山的梅芙石碓深處！有人叫我河灘上的洗濯女，因為我在愛爾蘭每條溪流邊都出現，以洗清男人身上的罪惡！」

首領指著水裡那些殘缺不全的屍體問摩莉甘：「這場屠殺是不是女王陛下您幹的？這些人是因為罪孽深重才會變成如此模樣嗎？」

摩莉甘哈哈大笑，她向首領解釋說，自己沒有殺死其中任何一個，要首領仔細看看這些屍體的樣子，再看看自己身後的勇士——今天等晚上戰鬥結束後他們就會變成這些屍體的模樣，而洗濯女不過是在清洗他們屍體上的血污罷了。

於是首領仔細看著屍體堆，果然認出一些夥伴的模樣來！就在他驚恐地望著屍體時，摩莉甘俯身從自己的戰利品中拎出一樣東西來展示，首領定眼一瞧——烏鴉女神手裡拎著的正是他自己被砍下的頭顱！

「幽靈女王」、「夜之女妖」和「烏鴉女神」，都是摩莉甘的頭銜與綽號，她是一個令人畏懼的女神，送給世間的只有災禍和恐懼。

偏偏這位女神特別眷戀塵世，總是反覆進入愛爾蘭人的世界尋找樂趣——她垂青於勇敢的戰士，時常會將愛慕之情傾注在那些英雄的身上。正因為她的這種性格，才使得英雄庫胡林死於非命。

除此以外，摩莉甘還是個喜歡自己下場參加戰鬥的女戰神。庫胡林曾在戰鬥中贏過摩莉甘，於是烏鴉女神立刻對這個勝過自己的奇男子一見傾心，她熱烈地向庫胡林示愛，卻遭到拒絕和蔑視。狂怒的摩莉甘施展詭計令庫胡林慘死，過後她化為烏鴉蹲在死者肩頭，狂喜地宣告英雄已經死去。這一場景深深地印在了愛爾蘭人的腦海中。

在達南神族中，再沒有比摩莉甘更不受歡迎的人了。但愛爾蘭人只能在神話中對著女神的劣跡歎息，因為他們沒辦法去找摩莉甘的麻煩。雖然明明知道她平時住在仙堡中逍遙快活，那裡四季常青，鮮花綻放，衣食無憂，歌舞不絕，那裡是人間無法比擬的仙境，但愛爾蘭人想去的話卻千難萬難。因為有人築起了一道隱形的牆壁來保護達南神族的世界，他就是海神曼納南。

4 海神曼納南

在古愛爾蘭神話中，曼納南是人類的第一位國王，後來才被列入達南神族。

曼納南身材高大魁梧，擁有眾多神奇的寶物。這位海神的交通工具非常獨特，按照常理出牌的海神應該乘船或者騎著魚，但曼納南卻是駕著馬車在海上風馳電掣，如履平川。雖然看起來很是另類，但曼納南的一大職責就是把亡者的靈魂從凡塵送至他方世界，這可是全年無休的辛苦活兒，所以在愛爾蘭神話中為他配備馬車也在情理之中。相較之下，希臘海神波賽頓（Poseidon）也喜歡駕著馬頭魚尾海怪拉著的雙輪戰車在海上飆車，不過可沒聽說他曾護送希臘人去過黑帝斯（Hades）的冥界……

曼納南做海神算是子承父業，他的父親里爾（Lir）也曾是愛爾蘭的海神，但這位老爺子因為競選他方世界之王失利而退出政壇，這才讓神二代曼納南有了出頭之日。

曼納南住在大海盡頭的馬恩島上，愛爾蘭神話中認為這位海神升起濃厚的迷霧遮擋島嶼，使得航海者無法靠近曼納南及其同族的仙宮。但他的領地卻屢次遭到普通人的入侵。

在愛爾蘭的神話中，能夠進入他方世界的幸運兒並不全是蓋世英雄，他們往往是執著於追尋某一目標，無意中開啟了「穿越」兩個世界之旅。

芒斯特國王西昂之子塔吉（Tadg）曾為了尋找被異族人綁架的妻子和兩位兄弟而駕船出海，他和水手們穿越可怕的風暴抵達一片安靜祥和的海域。在這裡他們登上一座寧靜的美麗島嶼。讓他們驚訝不已的是，這座島嶼永遠處於盛夏，而他們離開愛爾蘭時當地還是嚴冬季節。

在海上時水手們饑腸轆轆，登上這座島嶼後卻完全不覺得餓。島上有三座小山，小山上分別有白色、金色和銀色的城堡。美麗的達南族女神迎接他們，並告訴這些闖入者這裡是海神的國度，島上的三座城堡分別是愛爾蘭過去、現在和未來統治者的家——當塔吉將來踏上死亡之旅後，也會乘著曼納南的馬車穿越大海來到這裡……

從這則神話中，我們可以看出曼納南是一個仁慈的神靈，他對於不知情的闖入者非常友善，並不會對他們加以懲罰。

但這並不表示曼納南是個永遠不會憤怒的老好人——尤其是當他受到自己妻子譏諷的時候。曼納南有一個非常美麗的妻子芬德（Fand），這位美人秉承顏值越高脾氣越大的處世原則，天天因為各種瑣事與自己丈夫爭吵不休。終於有一次，曼納南與芬德大吵一架後出海飆車，再也不受老婆的氣了。

曼納南走後馬恩島遭遇佛摩爾族的猛士來犯，面臨危險的芬德只好向阿爾斯特的英雄、魯格之子庫胡林求助。於是英雄擊敗邪惡的巨人，馬恩島的女主人也被庫胡林的勇猛迷倒，兩人墜入愛河後便一起住在了馬恩島上。

一個月後出事了，庫胡林的妻子埃默（Emer）帶領著五十個女戰士殺上門來，要血刃勾引別人老公的狐狸精芬德！與此同時，戴了綠帽的海神曼納南也聞訊趕回，這兩對夫妻在馬恩島相見。敘舊之下，曼納南才知道，庫胡林的父親是魯格，自己曾收養過魯格！

既然抬出來光之大神魯格，基於大家同是達南一脈的關係，此事也就大事化小、小事化無算了——反正按照達南神族的傳統，身為女神如果不出軌才叫新聞吶。

最後，芬德選擇了丈夫曼納南並發誓忘記庫胡林，但分別前芬德用巨棒打了庫胡林一下，為的是讓他在數年內難以忘記自己——這位水性楊花的海神夫人隨時準備紅杏出牆！

5 狡詐的騙子魯格

庫胡林的父親魯格在達南神族中來頭頗大，因為他的原型是凱爾特神話中至高無上的太陽神盧古斯。

凱撒的《高盧戰記》中記載著高盧人對神靈的崇拜，其中排第一位的就是被羅馬人稱為墨丘利（Mercury）的盧古斯神。盧古斯的地位如此崇高，以至於對他的祭拜地點魯格杜納姆後來成了高盧人的首都。

每年的八月一日是高盧地區的盧古斯節，這一天也是祭拜太陽神盧古斯的日子。高盧人慶祝這個節日，羅馬人也慶祝這個節日——雖然他們對同一位神靈的理解存在巨大的偏差。

到了愛爾蘭的時代，凱爾特諸神已經演變成本土化的愛爾蘭諸神，其中魯格正是盧古斯的化身。按照《奪牛長征記》中的說法，魯格能夠融化身邊十公尺內的厚重積雪，他的面龐如太陽一般令人無法直視——也就是說連他的同胞都無法看清楚他到底長什麼模樣……

在早期對魯格形象的描寫中，他時常與代表生命的橡樹、雙蛇、狗或狼、以烏鴉為主的鳥類、馬和槲寄生等動植物一同出現在石刻中。通過與同時代北歐神話形象對比，可以發現，魯格的出現，很大程度上受到了北歐神話中主神奧丁（Odin）的影響。

奧丁通常揮舞長矛，肩上蹲著兩隻烏鴉。他與魯格都代表無盡的智慧，是擁有無限技能和戰無不勝的英雄。最妙的是在獨眼這一點上，奧丁與魯格的外祖父巴羅爾頗為類似，甚至兩人都是平時閉著獨眼，直到需要在戰場上釋放魔力時才將獨眼睜開。此外，北歐神話中的洛基（Loki）也對魯格的形象有影響。與洛基一樣，魯格也時常用欺詐的手段來戲弄諸神，並獲得愛情——從某種意義上說，洛基與魯格都是各自神話體系中最狡詐的騙子。

按照愛爾蘭神話，每一位神靈都應該出生在愛爾蘭。魯格也不例外，他身上帶著達南族和佛摩爾族共同的血統——佛摩爾之王魔眼邪神巴羅爾被預言將死於孫輩之手，所以他囚禁了自己的獨生女艾斯尼，但這難不倒達南族的淫賊西昂……

其餘的故事細節本書第二章已有交代，在此不再贅述。需要注意的是，魯格父母的特殊身分很明顯是古代部落之間政治聯姻的映射——達南族代表新入侵者，佛摩爾族代表舊土著，為了爭奪領地展開激烈鬥爭，那麼部落貴族以女兒換取暫時的和平就是常見的手段了。

愛爾蘭神話中充滿對英雄角色千篇一律的吹捧，這一點在魯格身上發揚得最為徹底，在《奪牛長征記》中，這位英雄幾乎嫻熟於世界上所有的職業技能——除了生孩子之外。

魯格的孩子不少，其中最有名的就是他與愛爾蘭阿爾斯特國的黛克泰爾公主所生的庫胡林。黛克泰爾公主在出嫁的婚宴上，喝下了一杯酒，而酒中有一隻她未曾察覺的蜉蝣。醉酒的公主昏昏睡去。在她的夢中，光之神魯格出現了，告訴她自己就是剛才那隻蜉蝣。魯格施法將公主和她的女僕變成了飛鳥——魯格的手法與他爸爸西昂引誘艾斯尼時一模一樣。

幾個月後，阿爾斯特的戰士發現許多奇異的鳥出現在眼前，他們追逐鳥兒之時來到了他方世界的一座豪宅前。穿著華麗的男主人和懷孕的女主人熱情地接待他們，晚上這群戰士就寢時忽然聽到嬰兒的啼哭聲，起床一看，原來是女主人產下了一名男嬰，他一出生就有一頭如陽光般燦爛的金髮。

此時，男主人向他們表明身分說自己就是光之神魯格，而女主人就是他們的君主康奇厄伯王的妹妹黛克泰爾公主。魯格請戰士們將黛克泰爾與嬰兒護送回去，戰士們高興地答應了。

就這樣，黛克泰爾回到了本來的夫君蘇爾泰姆身邊，蘇爾泰姆視這個嬰兒如己出，將其撫養長大——這個孩子就是庫胡林。

6 銀臂國王努阿達

雖然魯格神通廣大，但當他在愛爾蘭的塔拉初出茅廬時，還是一個站在偉大君王面前的謙遜小夥子，而這位偉大的君王就是達南神族的國王銀臂努阿達。

努阿達這個形象與不列顛群島上的凱爾特神靈諾登斯（Nodens）有深切的淵源，諾登斯是凱爾特的狩獵、戰爭和癒合之神，對他的祭拜地集中在英格蘭西南部的格洛斯特郡。羅馬人將諾登斯視為羅馬戰神馬爾斯（Mars）在不列顛島上的分身，而威爾斯的神話人物盧德也與諾登斯密切相關。

諾登斯神廟遺址坐落在格洛斯特郡一個俯瞰塞文河口的峭壁上，神廟遺址中殘留著描繪海豚、魚類和海怪圖案的馬賽克壁畫，還有大量凱爾特人敬獻給神靈的錢幣、手鐲、臂環等等，以及幾座狗的青銅塑像——這在凱爾特神話中代表著醫療和癒合。

最引人遐想的是一些青銅手臂祭品，這些手臂讓人聯想起愛爾蘭島上那位失去手臂的達南族國王。

在愛爾蘭神話中，努阿達本身並不是什麼萬能的偉大神靈，但是他作為達南族的領袖，親身經歷了達南族的興衰，並且以他穿針引線講述了達南神族中很多成員的故事。

其中在修復努阿達因為戰爭而失去的手臂一事中，就牽涉到醫術之神迪安克特一家的倫理慘劇。

達南族人要求自己的國王必須是勇敢完美的戰士——他的身體應該完美無缺，且隨時可以身先士卒，為了達南族而衝鋒陷陣。所以儘管努阿達是為了全族利益而身負殘疾，他們也一樣把這位英雄擠下了台。迪安克特為退居二線的努阿達安裝了銀質的假肢，這已經是這位神醫所能做到的極限了。

即便是如此神醫，也無法令努阿達的手臂重新生長出來，可想而知，這位退位的國王心中是何等沮喪。

迪安克特的兒子米阿奇聽到努阿達的抱怨後，施展過人的才華讓這位獨臂人長出了新的手臂，並重登王位。但可憐的米阿奇卻被自己嫉妒抓狂的父親恨之入骨，最終慘死在迪安克特劍下。

重新坐上王位的努阿達召集軍隊與魔眼邪神巴羅爾做最後的戰鬥，太陽神魯格也在達南族之王四處徵兵時來到他的身旁。在與佛摩爾族的決戰中，努阿達意氣風發地披上心愛的紅斗篷，手持勝利之劍衝向巴羅爾，但是巴羅爾魔眼睜開的瞬間，這位達南族之王和他的軍隊便一起灰飛煙滅了……

當然，我們都知道是魯格殺死了自己的外祖父，拯救了達南神族，從此以後這個毛頭小夥子登上達南族王位，帶領整個民族佔據了愛爾蘭大地。

又過了不知道多久，新的入侵者將達南神族逼得走投無路，大家退往幽冥世界，重新尋找生存空間，已被遺忘的努阿達再次登上王位，帶領子民們在一個又一個的仙宮、仙堡和仙塚裡度過無盡的歲月……

7 神醫迪安克特

達南神族中有一位部落守護神，他就是神醫迪安克特。

迪安克特曾經拯救過愛爾蘭，因為他預言烏鴉女神摩莉甘所生的兒子會帶來毀滅性的災禍。正是在他的堅持下，摩莉甘半信半疑地同意自己的兒子應該在幼年時就被摧毀。迪安克特打開孩子的心臟，果然在裡面發現了三條邪惡的毒蛇——愛爾蘭是世界上少有的完全沒有蛇類生存的國度，而摩莉甘兒子心中所藏的毒蛇，在長大作亂前就被迪安克特殺死並燒成了灰燼。這些灰燼被投入愛爾蘭的巴羅爾河中，其毒性使得河水沸騰，殺盡了河中的一切生靈。

在愛爾蘭神話中，迪安克特幾乎無所不能：他能讓盲人重見光明，他祝福過的河水能讓在其中沐浴的戰士傷口痊癒。只有一樣東西除外：無論迪安克特怎樣努力，都無法令達南族國王努阿達的右臂重新長出來。

在之前的故事中，我們已經知道右臂對於努阿達的重要性，但這次神醫卻始終沒法令國王再次生出手臂。最後迪安克特無奈地放棄了，他為努阿達打造了精美的銀手臂。這條銀手臂是迪安克特和鐵匠哥布紐花了七年才打造出的靈巧假肢，它完全適合努阿達，獨臂的前國王可以靈活運轉銀手臂上的每一根手指上的每一個關節。

達南部落中的每個人都讚美老醫生的神妙設計，這條銀手臂成為神醫能力的新里程碑。但努阿達並不滿意，這一切都被醫生的第四個兒子米阿奇看在眼裡。

米阿奇是個很另類的達南族人，雖然他的妹妹艾米達（Airmid）也顯露出醫術的天分，但比起哥哥來差距甚大。米阿奇從小就不停地詢問一切關於醫學的知識，提出「鵝肝和我的肝有何不同」，「豬大腸和人大腸是否一樣」之類的話題，讓母親和兄弟姐妹在餐桌上倒盡胃口。

等到米阿奇長大後，他另闢蹊徑地在草藥領域大展宏圖。當時正逢達南神族與異族交戰頻繁，迪安克特得意地發現自己的兒子也有成為神醫的潛能，這將毫無疑問地帶給他新的榮譽、財富，以及一名合適的繼承人——達南部落中只有迪安克特一位醫生。

但隨著米阿奇的聲望日隆，並顯露出不亞於其父的能力，迪安克特卻開始與兒子疏遠了。這位老人意識到兒子是個強有力的競爭者，他用暗中遠離的策略來抵消這種威脅。

當米阿奇悄悄為被罷黜的努阿達治療胳膊時，父子間的矛盾浮上檯面。努阿達是經過神醫治療並公開宣佈無法恢復健全的，米阿奇為他治療，等於是公然挑戰權威、並質疑自己父親的專業水準。迪安克特強壓憤怒，打算對這種冒犯視而不見。誰知經過三天三夜的治療，努阿達竟然真長出了新的右臂！

就在這一刻，達南神族的神醫頭銜有了新的主人，名譽掃地的老醫生成為族人嘲笑的對象——他已經是一個沒用的老人家了。

嫉妒和仇恨在迪安克特心中燃起熊熊烈焰，一怒之下，他拿起劍來到兒子的住所，要求以實戰來測試米阿奇的醫術水準。

迪安克特命令自己的兒子站著不動，他用劍劃傷了米阿奇的頭皮，血流過米阿奇的臉頰和脖子。米阿奇閉上眼睛，用神術使自己頭皮上的傷口癒合。

迪安克特冷笑著誇讚米阿奇醫術不錯，又一劍砍在兒子頭上，傷口露出了森森的白骨。米阿奇舉起雙手令自己痊癒，這次他恢復的速度慢了不少。他一邊令自己傷口癒合，一邊向父親討饒和解釋。

但迪安克特怒吼著：「你讓我成為別人的笑柄！」又第三次揮劍砍開了兒子的天靈蓋。米阿奇開始跪下呻吟，他的大腦都暴露出來。經過痛苦而漫長的治療後，米阿奇再次站了起來。

暴怒的老人似乎有些冷靜了，因為他在兒子的眼中沒有看到任何欺騙或背叛的跡象。困惑而沮喪的迪安克特坐在樹樁上，叫米阿奇坐在他對面的岩石上。

父子倆開始了短暫而開誠佈公的交談：

「哦，米阿奇，我親愛的兒子……你為努阿達治療的奇跡，毀了我一生的名譽和成就。這就是問題的癥結所在：我是達南部落中偉大的醫生，而你也是，就像一個雞群裡有了兩隻公雞。」

「父親，我愛你超過我的生命！你是我的驕傲，是你教會我醫術。你是醫術的大師，現在我也是醫術大師了——如果你允許，我可以教你……」

「狂妄自大！」

迪安克特一聲怒吼打斷了米阿奇的話，他重重一劍將自己兒子的頭顱劈成了兩半！米阿奇栽倒在地上，就算是醫術高超的他，也無法再令自己復活了。

老人被自己的行徑驚呆了，他哆哆嗦嗦地跪下，試圖挽救兒子的生命，眼淚從他流血的眼睛中滾落，但他始終無法令兒子復活。

迪安克特哭了很長時間，當他終於抬起頭來時，太陽已經下山了。部落中的許多成員都聚集在這可怕的殺人現場周圍，沒有人試圖安慰他。

迪安克特想通過自殺來贖罪，但他又想起達南神族中現在只剩下自己一個醫生了——因為他一直忽視對艾米達的培訓，這孩子還沒有準備好成為一個醫生。

在米阿奇的葬禮中，艾米達沒有出現，因為她怕自己會忍不住殺了父親。當送葬的人群散去後，這個悲傷的女孩來到哥哥墳前哀悼。她匍匐在墳堆上默默流淚，最後疲憊地睡著了。

等她醒來的時候，發現自己身邊縈繞著藥草的清香。在她身下的墳堆上，一片綠色的幼苗瘋狂破土而出。這是從米阿奇身上每一處關節和肌肉組織中生長出來的三百六十五種藥草：這個善良的年輕人將自己的遺體化為臨別禮物送給妹妹，也送給人類。

艾米達將自己的斗篷鋪在地上，將這些草藥一株株移栽過來。她念叨著這些草藥的名字和功效，它們將為世上每一個男人、女人和孩子療傷治病。

此時，迪安克特也返回繼續哀悼兒子。他看到艾米達的斗篷鋪在地上，上面移栽了三百六十五株藥草，每株藥草都閃爍著不同顏色的光芒，所有的藥草集中在一起時形成了米阿奇遺體的形狀。

在聽到女兒嘴裡念叨的話以後，迪安克特再度激憤起來，因為他認為醫生不可能解決世間所有的病痛，有些疾病的痛苦反而會讓人類的歷史得到更新和延續——例如愛爾蘭神話史上每隔一段時間就發作的大瘟疫。

「即使是在墳墓裡，他也違抗我！」這個偏執的老人大喊大叫著撲上來，將艾米達斗篷裡的藥草打得四散紛飛！

艾米達像頭憤怒到極點的母狼，抓起一根棍子狠狠地毆打自己的父親。迪安克特的膝蓋被打碎了，人像塊破碎的朽木一般倒在地上翻滾。

艾米達舉起一塊巨石，對準自己父親的腦袋，殺意在她的瞳孔中噴湧而出。這時候，她清晰地聽見了哥哥的聲音——米阿奇在冥冥中阻止妹妹：「不，艾米達，我愛妳，妳愛我，我們是一家人！」

於是艾米達丟掉石頭哭著離開，留下號啕大哭的迪安克特——他其實已經和死人一樣了。

幾個月後，艾米達在迪安克特的培訓之下成為達南神族中的新醫生。隨著時間的流逝，這女孩成為前所未有的偉大良醫。

又過了一段時間，一場前所未有的兇猛瘟疫席捲愛爾蘭，很多人被病魔帶走，其中就包括迪安克特。正因為他摧毀了兒子留下的藥草，所以才會極為痛苦地死於這場瘟疫……

第二節　與智者同行

我是翱翔天空上的雄鷹，
我是隱蔽森林中的樹木，
我是緊握在手中的利劍，
我是戰鬥中保護你的盾，
我是書信中的一個詞語。
我是知識的唯一代言人，
我是挑起大戰亂的長矛，
我是激起思想火焰的神。
……
是誰領導了山巔的集會，如果不是我？
是誰說出了月亮的年齡，如果不是我？
是誰安撫了太陽的躁動，如果不是我？

這是一首凱爾特人的讚美詩，數千年前這些蠻族在山林間，在田野上，在溪流旁舉行的祭祀活動中反覆詠念歌唱它，為的就是讚頌凱爾特人的智慧守護者——德魯伊。

1 巨石陣與小清新

在英國古老而廣漠的平原上，矗立著奇特的巨石建築，它們櫛風沐雨幾千年，注視著人間的滄桑，這就是令人百思不得其解的古代巨石陣遺址。這雄偉壯麗的神祕巨石陣，吸引了來自世界各地的觀光者和眾多為之困惑的考古學家、歷史學家、建築學家和天文學家。

巨石陣最早建於新石器後期，約在西元前二八〇〇年，那時已建成了巨石陣的雛形：圓溝、土崗、巨大的石柱，和奧布里坑群[1]。約西元前二〇〇〇年開始是巨石陣建築的第二階段，整個巨石陣基本形成，這個階段的主要建築，是藍砂岩石柱群和長長的通道。巨石陣的第三期建築最為重要，約在西元前一五〇〇年建成了沙石圈和拱門，此時巨石陣已全部完工，這就是我們現在看到的雄偉壯麗的巨石陣遺址的全貌。需要指出的是，整個巨石陣的工程需要一百五十萬份人工，而整個建築過程中，始終沒有使用輪載工具和牲畜的痕跡。

巨石陣的建築規模和工程難度對於早期人類來說，簡直是不可思議。它的建成比埃及最古老的金字塔還要早七百年，然而究竟是誰建造了這雄偉的巨石陣，現在仍然眾說紛紜。

雖然凱爾特人並不是巨石陣的建立者，但這並不妨礙德魯伊教士將巨石陣當作自己的聖地使用。每當北半球進入白雪皚皚的冬季時，農夫早已將土地休耕，森林裡的動物也開始冬眠，農舍和洞穴將凜冽的寒風阻擋在外，讓躲在其中的人和動物得到溫暖的庇護。到了冬至那一天，「巨石陣」中會出現一群德魯伊祭司，他們在巨石陣中觀測天象以預測未來。

西元十七世紀，英國考古學家約翰・奧布里第一次指出：可能就是德魯伊教士興建了著名的「巨石陣」，用來祭祀太陽神貝勒努斯！雖然他的說法有誤，但這最終引發了十八世紀的德魯伊教復興運動。西元一七一七年，自稱德魯伊大祭司的威廉・史度克里（William Stukeley）和約翰・托蘭（John Toland）重建了德魯伊教，爾後的亨利・荷力（Henry Hurle）恢復了德魯伊的古代教條，使其成為一個類似共濟會的慈善團體。

有趣的是，在美國的德魯伊教會是為了完全不同的目的而成立的。一九六三年，北美革新德魯伊教會成立，卻是因為當時明尼蘇達州的一群大學生反對學校強逼學生參加宗教服務，憤而成立的組織。後來該組織發展成為提倡自由宗教信仰的德魯伊教會，並存在至今。

不光是現代文藝青年將德魯伊教視為小清新的歸宿，現代西方奇幻文學也對德魯伊教頗為青睞。

1 The Aubrey holes，巨石陣的外圍是直徑約九十公尺的環形土溝與土崗，內側緊挨著的是五十六個圓形坑，是由英國考古學家約翰・奧布里（John Aubrey）發現的，因此被稱為「奧布里坑群」。

奇幻文學中的德魯伊教士是自然和中立的擁護者，把整個荒原都當作自己家園，十足的隱士作風，他們使用自己的特殊力量保護大自然，並且讓整個世界獲得平衡，這一點充分地表現在各種小說、漫畫和遊戲產品中。

在AD&D（Advanced Dungeons & Dragons，專家級龍與地下城系統）遊戲中出現的德魯伊教士，對一切事物都持完全中立的態度。但完全中立的角色往往是最不隨大流的人，打個比方來說，當善良陣營強大時，他會跑到邪惡一方去；而當邪惡一方占上風時，他又會跑回善良一方去。反正他的目的就是在各種對立的陣營之間維持力量的平衡。

最著名的德魯伊教士形象，來自暴雪娛樂的《魔獸世界》和《暗黑破壞神》系列遊戲：遊戲中的德魯伊教士是居住在森林裡，親近自然的法師集團。他們不使用傳統意義上的元素魔法，而是用自己的方式來與自然融合，以獲取獨特的魔法能力。這種魔法能夠使他們得到控制火、大地和風的神奇能力。德魯伊的魔力，可以召喚許許多多的植物和野獸幫助自己作戰，比如烏鴉、老鷹、野狼、藤蔓，甚至是遊蕩在荒野中的幽靈；他們自己也可以變成瘋狼或者巨熊之類的動物，從而獲得野性的力量，與敵人作戰。

在《龍槍編年史》中的德魯伊教士隱居於森林，他們是以草藥救人的群體。而在《冰風之谷》中，庫達哈的德魯伊教士阿倫多很顯然是一個兼有強壯體格與頭腦的人，一點都沒有蠻族的影子。

當然，並不是所有人都對德魯伊教抱有好感。在《魔法門》系列遊戲中，德魯伊教被指為邪氣十足的羊鳴教。在遊戲中，為羊鳴教出錢出力會身敗名裂，就連去羊鳴神廟喝瓶回復藥都會有副作用。除了喜歡劍走偏鋒、踏上邪惡路線的玩家，一般人對羊鳴教是敬而遠之的。

傳統的基督教社會對德魯伊教的印象並不好，從兩千年前凱撒征服高盧開始，羅馬人關於凱爾特人和德魯伊教的負面描寫就流傳開來。關於這幫凱爾特祭司用活人血祭神靈的恐怖傳說盛行於世，「殘忍」就是西方人對德魯伊教的第一印象。

這種根深蒂固的偏見非常執著，以至於西方一些貨真價實的邪教組織都會努力與德魯伊教扯上關係，例如「撒旦教」就公然聲稱他們的宗教源自德魯伊教，而德魯伊教士是跳進黃河也洗不清了……

2 透過歷史之眼

在本書第一章介紹德魯伊教的篇章中，我們曾提及羅馬人對凱爾特人進行的宣傳戰。在凱撒等大家筆下的凱爾特人殘暴成性，嗜血如命，是文明的羅馬共和國必須消滅的目標。德魯伊教自然也是羅馬人口誅筆伐的對象。更何況當羅馬入侵時，德魯伊教士的煽動是各個高盧部落團結起來奮起反抗的重要原因，所以羅馬人不把德魯伊教罵到底才怪。

隨著高盧被征服、並融入了羅馬文化，歐洲的德魯伊教勢力只能退縮到大不列顛島和愛爾蘭島上。當不列顛大半羅馬化後，德魯伊教也差不多煙消雲散了。等到西元五世紀基督教一統愛爾蘭島時，這個古老的宗教已經蕩然無存。

基督教剛傳入歐洲的時候曾被羅馬帝國殘酷壓制，那時候流行的娛樂就是把基督徒放在鬥獸場裡餵獅子，因為他們是「異教徒」。三十年河東三十年河西，在基督教勢力統一歐洲之後，為了加強思想控制，也開始對歐洲各地的原始宗教進行「妖魔化」。梵蒂岡在歐洲各地成立的宗教裁判所，禍害起人來並不比羅馬帝國手軟：將不皈依自己的人斬首、淹死、吊死甚至投入火中燒死。理由和羅馬時代一模一樣：罪犯們是「異教徒」。

不列顛群島是德魯伊教的大本營

好了，現在讓我們沿著歷史長河逆流而上回到兩千年前，透過凱撒的歷史之眼，看看凱爾特的德魯伊教士是什麼面貌。

我們已經知道，德魯伊階層壟斷了凱爾特社會的知識。作為強勢的入世宗教勢力，德魯伊教士積極干預凱爾特部落的行政、司法事務。德魯伊教對凱爾特社會的影響力遍及方方面面，簡直可以說是無孔不入。

作為溝通凡塵與神靈的唯一管道，德魯伊教士是主持神祕的宗教儀式安撫神靈或傳達神靈意志的祭司；是為播種和收穫、貴族加冕、對外戰爭、重大婚禮，以及其他對部落事關重大之事選擇良辰吉日的權威。

除了上述這種先知神棍的角色外，德魯伊教士還負責執行凱爾特部落中的司法裁判。他們是刑事民事一把抓的大法官，審案斷罪、處罰犯人、劃分地界、離婚糾紛、遺產繼承等等，所有內部的法律問題，都交由德魯伊教士以神的名義做出裁決。

凱爾特人仰賴德魯伊教士做出法律裁判，若是有人膽敢無視教士以凱爾特習俗做出的神聖裁決，那麼他就會被剝奪參加部落中的宗教祭禮的資格。這對凱爾特人來說是非常可怕的處罰，因為這意味著被全民列入黑名單，被徹底踢出朋友圈之外，成為一個賤民了。

還有最重要的一點：德魯伊教士是凱爾特傳統文化和宗教信仰的捍衛者，他們繼承和傳播了長達數個世紀之久的凱爾特神話傳說與宗教禮儀。換句話說，德魯伊教士告訴凱爾特人應該遵守怎樣的規矩生活。

集如此之多的職責於一身，那麼德魯伊教士自然也在凱爾特人群中極具尊榮。凱撒冷眼旁觀凱爾特年輕人蜂擁至德魯伊教士身邊聆聽教導的一幕，得出了「他們受到非同尋常的尊敬」這一結論。

雖然凱爾特各部落彼此獨立並內鬥不斷，但德魯伊教士可以在不列顛、愛爾蘭和高盧之間自由旅行。他們不需要上戰場廝殺做砲灰，更不必向貴族們繳納軍費戰爭稅，即使是彼此交戰的敵對部落，也必須保證教士的人身安全，讓這些尊貴的智者安全通過。

德魯伊教士不需要親自上陣廝殺，但他們卻是那些凱爾特勇士的軍師，每一個部落的對外戰爭都需要教士的運籌帷幄。凱撒曾發現凱爾特人在戰場上所獲得的戰利品並不屬於私人所有，如果有戰士被貪婪誘惑，那麼他會受到嚴酷的刑罰處分。勝利後的果實如何分配，不是俗人應該煩惱的事情，到時自然會有德魯伊教士獻祭給神。如果戰事不利，出面轉圜調停的也是德魯伊教士。所有部落的貴族，都曾在德魯伊教士身邊接受教育和禮儀培訓，這些老師們的話比酋長和國王更有分量。

當羅馬入侵時，德魯伊教士的煽動，是凱爾特人奮起反抗的重要原因

作為一個深謀遠慮的統帥，凱撒發現，高盧地區的德魯伊權力中心位於盧瓦爾河中游的卡努特斯部落領土上，那裡是高盧地區德魯伊大祭司們的聚集點。但整個凱爾特世界中的德魯伊教權力中樞並

不在歐洲大陸上，經過羅馬人的可靠偵察，我們可以得出結論——所有的大德魯伊都是從大不列顛島上派遣而來，而高盧地區那些預備被培養為新一代德魯伊的孩子們，也被送往海峽那邊的大不列顛島接受訓練。

3 口頭傳承的智者

對德魯伊教士的教育從被選中者九歲時開始。負責挑選的德魯伊教士從高盧的村莊、愛爾蘭的樹林或大不列顛的山上，找到這些有超常記憶天賦的孩子，並引導他們走上智者之路。由於德魯伊教的一切知識都只通過口頭傳承，所以這些孩子需要在大不列顛島上某片神祕的森林裡，經過至少二十年時間的訓練才能達到合格的標準。

一個合格的德魯伊教士擁有三個方向的專業知識：汲取和掌握關於過去、現在和未來的一切知識；管理從政治、科學、醫藥到司法在內的凱爾特人日常生活事務；通過獻祭儀式溝通神靈，去預知和影響未來。

德魯伊教士都是專業的數學家和天文學家，他們精通天象學知識，瞭解星辰運行的規律。德魯伊教制定了複雜準確的陰曆曆法，每月有二十九或三十天，以夜晚而不是白天來計算天數，並有閏月配合保持陰曆的準確運行。

羅馬人對德魯伊教士有許多自以為是的揣測。例如他們認為德魯伊教士都擁有一顆以毒蛇毒液製成的魔蛋，這個神奇的寶物能夠保證自己的主人受到凱爾特酋長們的歡迎，並使自己的主人對事物做出真實正確的判斷。

羅馬人還非常熱衷於傳播德魯伊教士對活人進行大屠殺，以取悅神靈的殘酷做法，但也正是羅馬人自己的筆記，證明了在凱爾特式的祭祀儀式上，德魯伊教士一般都是以宰殺動物或毀壞兵器的手段來獻祭。

為了平息沼澤濕地的神靈受到魯莽闖入者打攪而有的怒氣，德魯伊教士會定期將一些祭品投入其中。這些祭品包括鐵鍋、戰車、兵器等等，偶爾也有活人。而對於河流湖泊等廣闊水域，獻祭勇士的兵器、盾牌和頭盔就更為合適——亞瑟王傳說中湖中劍的故事正是根源於此。時至今日，在英國的泰晤士河和威廉姆河中仍然不時會打撈出凱爾特時代丟進去的祭品。鑒於某些已不可知的原因，德魯伊教士會將長劍等武器扭曲毀壞到不可用的地步，再丟入水中獻祭，這種行為讓後世產生了無盡的遐想與猜測。

凱爾特人相信，只要擁有適當的知識和技巧就可以占卜未來，所以德魯伊教士必須要學會通過動物的反應來窺探未來的技巧。他們最常用的辦法是觀察空中飛過的鳥，一掠而過的飛禽留下的飛行軌跡、方向，乃至於牠們爪子的形狀都能提供某種暗示資訊。遇到更難決斷的問題，德魯伊教士會殺死狗、貓，或者是一頭豬，砸開牠們的骨頭，吸吮骨髓，吞下生肉，以獲得啟示。在某些極端的情況下，德魯伊教士會吞下犧牲品的血肉後催眠自己，這時他祖先的動物圖騰會在夢中顯靈，告訴他關於未來的答案。

例如在愛爾蘭，新國王加冕前要宰殺一頭白色公牛。主持儀式的德魯伊教士會吃下公牛的一部分血肉，並裹著牛皮入眠。在睡夢中，他會得到神靈關於新國王是否稱職的啟示。

大不列顛島上的德魯伊教士的典型形象

對未來感興趣的並不只是凱爾特人，羅馬人同樣渴望獲得對未來命運的指點。他們對女性德魯伊教士更為信賴，時常聘請女德魯伊為自己占卜未來。

通過女德魯伊的占卜活動，羅馬人得以更準確地發現一些德魯伊教的小祕密。例如德魯伊教士會在詠念咒語時敲擊自己的指尖，據說這樣可以掌握自己所接觸之人或事物過去的歷史。當然有時候這些占卜師的手勢也會有些變化，例如像凱爾特神話中所說的那樣，英雄芬恩通過吸吮自己的手指，就可以令自己獲得的神奇能力發揮作用。

儘管羅馬人無法分辨出德魯伊教之間的階層架構和功能職責，但他們至少判斷出德魯伊教士之間存在類似職業分工一般的區分，也就是說不同職責的德魯伊形成了各自的團體。大致來說負責祭禮的祭司自成一體，負責司法裁判的法官德魯伊也獨立一派，此外還有隱士德魯伊，以及最受歡迎的吟遊詩人德魯伊。

4 遠去的吟遊詩人

準確地說，吟遊詩人是中世紀出現的概念。

十二世紀的法國，出現了演唱方言歌曲的世俗音樂家。這些以浪蕩公子面目出現在世人面前的，並不是街頭賣藝的流浪漢，他們大多是遊手好閒的宮廷貴族和騎士階層。此外還有些處於社會底層、有才華的詩人音樂家等，他們被統稱為吟遊詩人。

這幫吟遊詩人中嗓子好的自彈自唱，嗓子不行的就作詞譜曲請別人演唱。在大多數的傳說中，他們拿著樂器在王宮和貴族家中出沒，大多以「宮廷之戀」為題材表演即興彈唱。歷史上第一個出名的吟遊詩人，是阿坤廷公爵紀堯姆九（Guillaume IX），這位風流爵爺是作詩和唱歌的高手，赫赫大名留在了西方音樂史。

在後來的中世紀傳說中，吟遊詩人逐漸從貴族之家走向民間，如亞瑟傳說中的吟遊詩人那樣，抱著豎琴、吉他、曼陀林、維奧爾琴（viol，古大提琴）與輪擦提琴（organistrum），行走在旅店、酒館、荒野與城鎮之中，唱起優美的歌曲，講起久遠的故事。

一般認為，凱爾特部落中一些身分特殊的德魯伊教士就是吟遊詩人的濫觴之一。現代西方奇幻文學中的吟遊詩人一詞直接來自凱爾特語，指的是凱爾特社會中負責以吟唱方式傳播神話、記錄歷史的德魯伊教士。

在凱爾特部落中，有些擅長演奏豎琴和歌唱的德魯伊教士能夠熟記數百篇詩歌，牢記四百餘位神祇和英雄的身家與偉業，能通過故事講述部落和所在地區的歷史。如果不是擁有特殊記憶能力的德魯伊，其他人還真是難以做到。

吟遊詩人是凱爾特社會中廣受歡迎的特殊角色

雖然我們缺乏德魯伊教士在記憶力訓練方面的第一手資料，但對於吟遊詩人則可以經由其他民族的類似成員進行一番推測：巴爾幹半島上的塞爾維亞人一直有用古斯爾琴（gusle）伴奏，演唱史詩故事歌謠的表演傳統，歌手在演唱時常用即興表演帶出小高潮。合格的史詩歌手聽一遍數千行歌詞的陌生曲目，就可以原樣翻唱，功力更高的還能進行即時的再創作來演繹。

這當然不是什麼特異功能，歌手的確在記憶力方面有過人之處，而各民族的口傳文學各有其專有的創作思路和演繹手法。以塞爾維亞的史詩歌曲為例，每首歌曲的歌詞範本、故事主題和表演形式，都是經歷千百年錘煉後形成的固定套路，歌曲就像是超市裡的半成品，只要演唱者記住主要角色名字和大致經歷，就能直接下鍋炒了——外行人看上去是奇跡，內行人覺得是套路。

凱爾特吟遊詩人是活著的民族歷史書，是行走的神話播種機，哪怕是在羅馬征服不列顛和德魯伊教滅亡之後，這些倖存者還是頑強地用音樂和歌聲，把凱爾特英雄的故事從一個角落帶到另一個角落，從一個國家傳播到另一個國家。

威爾斯的吟遊詩人存續到十三世紀，他們的蘇格蘭同行則一直掙扎到十八世紀才消失。在他們傳唱的神話和傳說故事的基礎上，基督教的教士們書寫了最早版本的不列顛史詩，英法的騎士抒情詩作家創作出了亞瑟王朝與聖杯的傳奇。正是由於他們的堅持，凱爾特文化才得以跌跌撞撞地延續下來。

今天，德魯伊教早已消失，凱爾特人也今非昔比，只有歌聲未歇，只有傳說依舊……

第三節　凱爾特的精靈與怪獸

精靈與怪獸是奇幻舞臺上的常客，古往今來任何一種文明中都不缺少這些臆想出來的超自然生物，更不用說那些對自然現象誠惶誠恐的蠻族了。而虔誠信仰自然之力的凱爾特人，他們的古老文化中充滿了各種各樣的神靈和精怪。在他們看來，每一片樹叢，每一處水窪，每一座高山，每一個洞窟都可能是某個仙靈怪獸的巢穴。

1 凱爾特的水怪

對於凱爾特人來說，水域是各種恐怖水怪縱橫的天下。無論是驚濤駭浪的汪洋，還是波瀾不驚的池塘，水底都可能潛藏著陰險兇狠的怪獸。

凱爾特神話中的水怪是一個隊伍龐雜的集合體，其中名氣最大的是尋水獸。

這隻怪獸也被音譯為阿凡克，據說生活在威爾斯北部康威河的亞．阿凡克池沼中。這頭怪獸在中世紀早期神話中還是一隻「萌萌噠」大海狸，可惜牠在人多嘴雜的各路民間傳說中漸漸長歪了，最後竟然變成蛇頭、豹肚、獅臀加兔子爪的大怪物。人們危言聳聽地說，尋水獸象徵著混亂和亂倫，所以必定也只能是這幅怪模樣。

為了加強細節描寫，有些神話中描述尋水獸奔跑起來肚子裡會發出一大群獵犬的吼叫聲。可它明明都是豹子肚子了，怎麼傳出來的會是狗叫呢？這個複雜的謎題，很值得科學家解析一番……

不過要是仔細看看凱爾特神話中關於尋水獸的故事內容，就不會有如此疑惑了：古威爾斯曾有一個愛上自己親哥哥的公主，為了這段無法實現的虐戀，她不惜將貞潔獻給惡魔，以換取贏得哥哥愛情的魔法。可是惡魔佔有公主之後並沒有兌現諾言，反而挑唆懷上魔胎的公主向國王狀告哥哥，說自己被哥哥強姦了。國王被這單方面的讒言激怒，沒有查證便下令侍從逮捕兒子並將其犬決：四十隻饑腸轆轆的獵犬蜂擁而上，撕裂了可憐的王子。

就在蒙冤遇害之前，王子憤怒地對妹妹做出了詛咒：妳將遭受極大的痛苦，現在撕咬我的獵犬的吼聲，就是妳肚中孩子的語言！於是，接下來的事情就不用再說了吧……

威爾斯神話中的尋水獸體形巨大，強壯無比，它雖然在陸地上跑得很快，卻更喜歡泡在水裡生活。本來這傢伙老老實實待在沼澤裡泡澡也沒大礙，可它每逢心情煩躁時就用尾巴攪動河水，沒事找事地製造水災，害得康威河谷裡的農人往往在睡夢中就遭受了滅頂之災。

一場洪水下來，大家的莊稼泡爛了，牛羊淹死了，房屋沖垮了。而大災之後往往跟著大瘟疫，所以倖免於難者也被隨即而來的疫病一個個地放倒。長此以往，誰也受不了啊，於是勇者鬥惡獸的時代拉開了序幕！

開始的時候，威爾斯人使用的是弓箭和長矛、鐵劍之類的傳統武器，無奈這尋水獸是因魔法而從河底淤泥中生出的怪獸，渾身上下刀槍不入。而且它的尖齒利爪帶有劇毒，被它所傷之人均難逃一死，幾番大戰下來，威爾斯人傷亡慘重。

雖然戰事失利，但因尋水獸而家破人亡的威爾斯人不肯善罷甘休。大夥兒召開了「陣地諸葛亮會」商議對策，其中一位神祕的山谷老人說，強攻不能勝那麼就試試智取吧——聽說尋水獸挺喜歡美女……

於是大家打造了堅固的大鐵鍊，又請來了凱爾特英雄胡加達，讓他帶著兩頭威爾斯島上最強壯的長角牛一同加盟。

胡加達帶著他的牛和鐵鍊藏在尋水獸游泳之地附近的樹林裡，一個勇敢的女孩作為志願者坐在水邊充當誘餌。尋水獸果然上當了，它從水裡出來，把頭放在女孩的腿上，用一隻爪子抓住她的乳房睡著了。

看到尋水獸中計了，胡加達和其他威爾斯漢子們一擁而上，用鐵鍊鎖住了尋水獸，吆喝起長角牛就把這怪物往岸上拖！尋水獸驚醒後才知道上當了，它惱羞成怒，用利爪撕裂了女孩的胸膛，接著一頭扎入了水中。

但胡加達吆喝著他力大無比的牛，硬是將掙扎的尋水獸給拖上了岸，接著又將這個暴躁的怪獸一路拖到莫爾伯賽德山下深不見底的藍色噴泉湖邊。在那裡大家鬆開鐵鍊讓尋水獸墜入深藍色的湖水，從此這隻怪獸再也沒能打擾威爾斯人的安寧。

尋水獸故事奠定了後來誘捕獨角獸故事的模式。在許多歐洲神話中，怪獸都不能抵擋美麗清純的少女之誘惑，而尋水獸的故事就是不同文明間神話互相影響的一個例證。

凱爾特神話中的馬形水鬼「凱爾派」，是一種會變形的精靈。在凱爾特神話中，牠常以駿馬的形態出現在沼澤或湖邊，誘拐或欺騙旅人坐上自己這輛「黑車」。一旦受害者肥羊入圈上了賊馬可就下不來了。凱爾派的皮膚會緊緊粘住目標，然後突然使力跳進水裡將其淹死。

古代蘇格蘭的凱爾特人對這個神話深信不疑，他們認為只要被淹死者身上帶有水草或沙粒，就能肯定他是凱爾派的受害者。而相應的，要識別一個水邊的帥哥是人是妖，只要留神看他身上是否沾著沙粒，頭髮裡是否混雜著水草就能判斷。

凱爾派是一種會變形的精靈，在神話中常以駿馬的形態出現在沼澤或湖邊

在凱爾特神話中，凱爾派並不是一匹馬在戰鬥——還有一個與它很類似的怪物水馬存在。這哥倆各司其職，一個負責淡水，一個負責鹹水，並且飲食口味也大有不同：凱爾派一般只是將旅人淹死在沼澤湖泊後就收手，至少能給受害者留個全屍。而海邊的水馬則從不浪費食物，它會將自己的獵物吃

個精光，只留下自己不愛吃的肝臟……

當然，不同地區的凱爾特人對這兩種怪獸的看法並不一致。比如蘇格蘭人就認為凱爾派和水馬根本就是同一種水精靈，而威爾斯人則堅持它們是兩種生物。

從不列顛群島到冰島，一路上都有關於凱爾派的傳說。奇妙的是，各地的凱爾特人都認定這是一種特別容易動情的怪物，後來這種說法延續到了不列顛版本的獨角獸故事，在蘇格蘭地區流傳最廣的，是一個愛情悲劇。故事發生在蘇格蘭的斯開島上：有一個凱爾派愛上了一位美麗的蘇格蘭姑娘，於是化身凱爾特帥哥接近她大獻殷勤。然而，當兩人在一起如膠似漆的時候，慧眼如炬的姑娘發現她的愛人頭髮中有沙子，於是一言不合就逃離，留下痛苦的怪物帶著情傷墜入水中。

水馬是凱爾特神話中的另一種馬形妖獸

在蘇格蘭高地的洛哈伯地區也有一齣凱爾派主演的情感鬧劇，劇情更為複雜：一個凱爾派因為迷戀一位農夫的女兒梅麗，每天晚上都化身為一個男人到這位農夫家中拜訪。毛腳女婿上門豈能空手而來？所以這位情種每天都帶上很多鱒魚。梅麗這個女孩非常敏感，她總覺得這位神祕訪客怪模怪樣的，不像正常人。梅麗的猜疑讓她的母親感到擔憂，於是趕緊找到街坊大媽們八卦了一番，其中有位天資聰穎的婦人給梅麗她爹傳授了一個開水退妖大法。

農夫鼓起勇氣燒好了開水，又扮作女兒模樣。倒楣的凱爾派如往常一樣帶著許多鱒魚上門拜訪，結果一鍋開水嘩啦啦就潑在他的腳上！這一來就把凱爾派的腳燙得裂開了。凱爾派現出原形，憤怒地質問這個假梅麗究竟是誰，狡猾的農夫丟下一句「是我」就逃走了。

受傷的凱爾派回到湖邊召集同伴去報仇雪恨，同伴們紛紛問牠：仇人到底是誰？這倒楣蛋腦子一短路回答說，「是我！」義憤填膺的同伴們一聽，紛紛表態：既然是你自己不小心弄傷的，那就自己想辦法解決吧，大夥散了吧！

當然，凱爾派還是有得手的時候，所以蘇格蘭人認定，只要是頭髮裡有沙子的人，不是凱爾派，就是凱爾派與人類的混血兒——人是人，妖是妖，人妖也是妖！

凱爾特神話中的凱爾派形象除了駿馬或帥哥之外，還有半人馬侏儒，或是全身裹著水草的水鬼等形象。它們倒也不一定只為了殺人而出現，有時候也會出於好意而現身警告人們有落水溺死的危險，有時則是會偷走凱爾特人牲畜的小偷。

對於凱爾特人來說，所有的水域都有屬於自己的凱爾派守護。這些水精靈為後來歐洲的獨角獸傳說增添了幾許不一樣的色彩。

2 惡魔之母奎爾斯納克

對於愛爾蘭島上的凱爾特人後裔蓋爾人來說，聖派翠克降服惡魔之母奎爾斯納克，遠比這位基督教聖徒消滅毒蛇的故事更為精彩。

愛爾蘭島的古代凱爾特神話中，在地球深處的火焰與岩漿中生存著女妖奎爾斯納克一族。這位女妖是在地球創始之初，從大地深處的灼熱蒸氣中生出的惡魔始祖。在基督教傳入之前，整個愛爾蘭島已經在奎爾斯納克及其子孫的恐怖統治下戰慄多年。

惡魔之母奎爾斯納克

聖派翠克是一位威爾斯傳教士，他在十六歲時被愛爾蘭人擄掠淪為奴隸，在荒蕪的愛爾蘭島上當了六年牧羊童。後來他逃回威爾斯，四處宣稱是上帝的聲音指引他逃至海邊，並找到了渡船回家。

當時整個英格蘭地區還處在羅馬帝國的統治之下，而基督教已經被確立為羅馬的國教。聖派翠克奇跡般的逃脫很快被視為基督教的神跡，於是他被召到羅馬覲見教皇，並受委託返回愛爾蘭島，讓生活在其地的凱爾特異教徒皈依上帝。

聖派翠克勇敢地返回愛爾蘭島，在島嶼東部的威克洛上岸後，當地憤怒的凱爾特異教徒打算將這個傳教士用亂石砸死。沒想到聖派翠克臨危不懼，舌戰群蠻：他摘下三葉草，宣佈這就是聖父、聖子、聖靈三位一體的象徵。

淳樸的凱爾特人為他的雄辯折服，從此開始皈依基督教。

很多中世紀的手稿，都將聖派翠克登陸之前的愛爾蘭人描述為動物一般的蠻族。例如某個故事講述，聖派翠克顯示神跡後被引到當地女王的宮殿，而女王和侍女為了向這位老先生表示尊重就施以大禮——禮節居然是拉起裙子露出下體！

此時，邪惡的奎爾斯納克仍然統治著愛爾蘭島。她和她的孩子個個都是噴火怪獸，凡是忤逆她的愛爾蘭人都會葬身在滾滾地獄火焰之中。

聖派翠克向上帝祈求庇護。在神的指引下，他穿上鎧甲，拔出寶劍，像個野蠻人與惡魔開戰。就這樣，聖徒與惡魔之母在公牛山大戰了兩天兩夜，最後奎爾斯納克不敵上帝的戰士，落荒而逃。

為了阻擋追兵，奎爾斯納克噴吐劇毒的火焰，燒乾了路上所有的水源。然後得意揚揚地回到香農河畔的德格湖。這座大湖水深接近四十公尺，被愛爾蘭人認為是地獄的入口。

沒想到聖派翠克已經在上帝神力的幫助下先到達了湖邊，於是奎爾斯納克硬著頭皮繼續與聖徒廝殺。兩人從湖畔打到湖中，從湖中打到湖底，最終，惡魔之母逃進湖底的地獄入口，而聖派翠克封閉了入口，讓這個惡魔再也不能為禍人間。

奎爾斯納克的形象，明顯是凱爾特神話中的戰爭女神和蓋爾人女性領主的融合體，惡魔之母象徵著凱爾特人被基督教馴服過程中的反抗者。隨著蠻族的神靈淪為被封印的惡魔，蠻族文化的優勢地位也隨之煙消雲散……

3 殺不死的阿巴特

「吸血鬼」對於現代讀者而言已經不是什麼新鮮的概念了。古希臘末期的新柏拉圖主義認為，靈魂終將「逃離身體」，而基督教受其影響，進而認為靈魂不滅，死亡只是靈魂進入冥界的過程，所有生命都將在最後審判中復活。

虔誠的好人自然上天堂，異教徒只好下地獄。這樣就引申出一個關於靈魂何去何從的問題。基督教有種救贖的觀點，就是說，違背基督教教義的罪人在臨終時悔過、並接受塗油禮儀式之後，靈魂便能得到拯救，從而避免在末日審判中下地獄。而那些執迷不悟的異教徒，和自殺、被開除教籍的人，則無法得到救贖，最終會成為受難的靈魂。

在最早的吸血鬼傳說中，這個受難靈魂的概念就是吸血僵屍的理論基礎。耶穌在最後的晚餐中以葡萄酒和麵包象徵自己的血和身體，並說血可以救贖。而某些原始的基督教教派片面地理解了這一聖諭，將此觀念與日爾曼的人祭習俗相結合，因此走上了飲血、人祭，甚至是吃人的邪教路子。

西元七八五年，法蘭克王國的查理曼大帝宣佈，凡是食人以及飲血的基督教教徒一律處死，但是血液代表神力的觀念並沒有隨著國王的禁令而煙消雲散，相反，這種意識一直流傳下來，成為吸血僵屍傳說的濫觴。

羅馬尼亞的德古拉伯爵可能是歷史上最著名的吸血鬼形象了，但你可知道，愛爾蘭島上也有一位酷似德古拉的僵屍軍閥麼？這位就是凱爾特神話中的吸血鬼——阿巴特。

愛爾蘭西北部的德里城號稱「處女之城」。之所以有這個名字，倒不是因為城中民風保守，人人潔身自愛，而是因為它的城牆從未在戰爭中被攻破過，算是歐洲歷史上少有的「從未失守之城」。

德里城附近的里加爾地區有一個名叫萊提福汀的地方，這裡聳立著一座奇怪的侏儒紀念碑，紀念的是一位在傳說中身兼巫師、凱爾特國王和吸血鬼數職於一身的本地名流——侏儒阿巴特。

在愛爾蘭的傳說中，阿巴特曾是一位頗有作為的君主，他率領軍隊遠赴東歐，參與過擊退奧斯曼土耳其帝國入侵的戰役。但返回愛爾蘭後，這位原本身殘志不殘的國王卻變得暴虐無比，他開始用邪惡的黑魔法統治國家，人民處於恐懼之中。

在阿巴特殘酷殺害了鄰國國王之後，他手下的一名將軍終於鼓起勇氣刺殺了自己的侏儒君主。為了表示對阿巴特國王身分的尊重，兇手將他的棺木豎起來，埋入豎井一般的墓穴，好讓死去的國王保持著站立的姿態。

可怕的事情就此上演了：阿巴特入土不安，他掙脫墳墓後出現在大地上，向自己的臣民索要血祭以延續自己的生命。殺死阿巴特的將軍壯著膽子再一次殺死了自己的前領導人，又按老規矩把他豎著埋進了墳墓。結果阿巴特再度破土而出，在萊提福汀四處遊蕩，趁黑夜吸食人的血液，搞得人人自危。

束手無策的將軍只好去向德魯伊教士請教。德魯伊教士以超凡的智慧指點迷津：用紫杉木製成的短劍殺死吸血鬼，然後將其大頭朝下倒立埋葬，即可解決問題。將軍立即照辦，此舉果然讓阿巴特徹底安靜下來。為了以防萬一，萊提福汀人栽種荊棘，封鎖了吸血鬼的墳墓，還將一塊巨石壓在他的墳頭上。

殺不死的阿巴特

阿巴特和德古拉這兩個形象極為相似，那麼，到底是誰抄誰呢？這一直是個有爭議的話題。阿巴特的故事首見於愛爾蘭作家派翠克·韋斯頓·喬伊絲的《愛爾蘭名字的起源與歷史》一書中，這部書出現的時代晚於德古拉伯爵，所以很多人認為這個凱爾特吸血鬼源自羅馬尼亞吸血鬼的傳說。

但也有反對者認為，在喬伊絲寫作的時代，不同國度的文化交流可不像現在這般方便。從十一世紀開始，歐洲各地都有僵屍自行離開墓穴的可怕傳聞，所以阿巴特就是凱爾特神話中土生土長的產物。

例如東普魯士貴族史泰諾．德．萊登男爵的傳說：這位爵爺很留戀人世，沒事就爬出墳墓四處遛達。於是沒見過世面的普魯士人大驚小怪，以為碰見了吸血惡魔，他們叫上當地的教士跑去挖墳掘墓，以令萊登男爵靈魂安息的名義用劍刺穿了他的遺骸，然後再用火燒了個乾淨。

在英國，沃爾特．梅普的《法庭瑣事》和威廉姆．德．紐堡格的《英國國教史》等著作中，都提及關於吸血鬼的事例，其中的僵屍都是被開除教籍的死者，他們每晚都晃晃悠悠地爬出墓穴去糾纏自己的親人，折騰得雞飛狗跳。

事實上，很可能是被埋在棺材裡的人並沒真正死去，他們只是昏迷後被埋進了墓穴，掙扎著爬出墓穴後，卻被昔日的親朋當作僵屍對待。當時的人們不知道該怎樣稱呼這種駭人的現象，於是將這些「死而復生者」視為「吸血的死者」。

僵屍復活的現象，在黑死病橫掃歐洲的十四世紀變得非常普遍，在這場奪去了歐洲三分之一人口的巨大災難面前，許多病人被潦草地宣佈死亡後，投入埋藏極淺的墓穴中。這些拚命掙扎，用手抓破棺材、刨穿泥土的可憐蟲自然也留下了斑駁血跡，於是人們更加相信吸血僵屍的傳說了。

但不論怎樣，被德魯伊教士鎮壓的阿巴特的故事告一段落了。

愛爾蘭人將他的墳墓稱為「巨人古墓」，並立下石碑以資紀念——這就是愛爾蘭人的幽默感。

4 報喪女妖班西

愛爾蘭的報喪女妖名叫班西，它的蓋爾語原意指的是「擁有超能力的精靈女子」。在某些版本的神話中，報喪女妖是個醜陋的怪物：她有一對猩紅的眼睛，滿口獠牙，和只有一個鼻孔的大鼻子。如果她開始走動，你會發現她長著青蛙一般的腳掌，這相貌怎麼看都不讓人喜歡。

當然，並不是所有神話中的報喪女妖都是這副嚇人的尊容：按照凱爾特女神特有的三位一體傳統，報喪女妖的形象會在身披白紗的美麗少女、著一身洗衣婦服裝的中年主婦，或是披著裹屍布的老婦人之間來回轉換。

不論報喪女妖以何等裝扮出現，都不會令人感到愉快——從她的名字上你們也能猜到原因了……

在愛爾蘭的神話中，報喪女妖往往被歸為精靈一類或是達南神族的一員。有時候人們直接將她等同於烏鴉女神摩莉甘，畢竟烏鴉女神也會向將死之人宣告噩耗。

在蘇格蘭版本的神話中，這些被稱為班西的女子，會在將死者面前清洗他們的鎧甲或者是血衣，這與烏鴉女神常幹的事情相吻合。尤其是班西也會變作灰鴉、白鼬、野兔或黃鼠狼等，在凱爾特神話中與巫術有密切聯繫的動物，更容易讓人們分不清楚班西與摩莉甘誰是誰了。

不過這些報喪女妖其實是無害的，她們並不像摩莉甘那樣傷害他人。女妖們的職責極為固定，只管以哀號帶來死亡的訊息，當然這種消息對於被拜訪者來說，也一樣有令人魂飛魄散的恐怖感。

在不同地區的神話裡，報喪女妖們發出的聲音也各不相同。在倫思特，班西的哭嚎尖利得能震碎玻璃；在凱里郡，她的哭聲則宛如低沉悅耳的歌聲；在蒂龍郡，這聲音像是有人不停地敲擊棺材板；在拉斯林島上，這聲音簡直叫人分不清是女人哭還是夜貓子叫。

報喪女妖班西

離開愛爾蘭，蘇格蘭人普遍認為班西是為將死之人而悲傷嚎哭，他們進而認為這些女妖都是那些不幸被謀殺的少女冤魂所化。對此，威爾斯人也持有類似看法，他們將班西稱為「霧中鬼婆」。而在挪威和美國南部鄉村，人們更喜歡將其描繪為夜裡開窗時會無意中撞見的慘叫女鬼。

按照愛爾蘭人的傳說，報喪女妖只針對幾個大家族通報噩耗。他們是奧尼爾、奧布萊恩、奧康諾、奧葛萊蒂絲和卡瓦奈五家，以及與這五個大家族有聯姻關係的其他家族。

也就是說，如果你不是出身於愛爾蘭的貴族之家，那麼這些來自他方世界的超自然信使還真懶得搭理你！

蘇格蘭人對此表示同意，在他們的傳說中，被報喪女妖班西通報死亡的都是那些將死於暴力的貴族。例如蘇格蘭王詹姆斯一世曾遇到一位神祕的愛爾蘭女人，這女人告訴國王，他將被自己的叔父亞瑟爾伯爵刺殺。這個女人就是班西。

威爾斯人認為，即使是噩耗也不應該漏掉平民百姓，所以他們的民間傳說中，額外又增加了一個神祕的超自然生物安吉爾斯特，這個生物的模樣誰也沒有見過，只知道它寄生在一棵三千歲紫杉古樹的主枝下面。

每年萬聖節時，安吉爾斯特就會出現在歐蘭格納教堂裡宣讀死者名單。每逢這個時候，鄉親們都戰戰兢兢守在門外傾聽自己有沒有「中獎」。據說曾有個叫尚．愛普的裁縫喝多了酒，突發神勇，竟然在損友的慫恿下打算進入教堂一窺安吉爾斯特的真面目，結果當他走到門口時竟然聽到了自己的名字。

裁縫的酒被嚇醒了，但無論他怎樣在門外苦苦哀求，還是很快就死了。

報喪女妖偶爾也會做做兼職。愛爾蘭神話中講過她們會在真正的國王加冕時哭嚎以慶賀：據說在偉大的愛爾蘭王布賴恩．博魯加冕時便有人聽到這種哭號。以上都是單槍匹馬出場的報喪女妖，有時候她們會集群出現。這種情況比較少見，據說只有在偉人或聖徒即將離世時才會遇到。

報喪女妖形象的出現，與凱爾特部落的喪葬傳統有很大關係。按照傳統，在埋葬死者的時候，會由一位女子唱輓歌進行哀悼。在愛爾蘭這種女子被稱為「哭喪女」。哭喪女算是專業人士，需要有高明的專業技巧和一定水準的容貌才能勝任。

說到這裡，我們試想一下這幾個要素：淒婉的歌聲、美麗的歌女、部落集會——按照凱爾特的傳統，這時沒有什麼緋聞簡直不合理啊！

事實上，古代的愛爾蘭人早就考慮周全，所以也為班西留下了一段浪漫的傳說：那些身穿白衣的美麗報喪女妖，往往會用精美的銀梳子梳理自己的白色長髮，而英俊的少年啊，如果見到掉在地上的銀梳子時可千萬別俯身拾取。因為那是動情的班西留下的信物，一旦撿了起來——

沒有一點點防備，
也沒有一絲顧慮，
班西就這樣出現在你的世界裡，
帶給你驚喜，拐走了你……

5 鳩占鵲巢調換兒

有句成語叫作「鳩占鵲巢」，講的是杜鵑從不孵蛋，牠偷偷摸摸飛到其他鳥類築的巢中，生下自己的蛋。等到不知情的戶主把小杜鵑孵化出來，這小惡魔就會立刻將其他的鳥蛋和雛鳥踢出鳥巢，好讓可憐的養父母只餵養自己這個冒牌貨。

在凱爾特神話中也有類似的「杜鵑鳥」，它們就是令人不寒而慄的「調換兒」。

鳩占鵲巢調換兒

在曾經受到凱爾特文化影響的整個西歐地區，廣泛流傳著一種神話：妖精、巨人、精靈和惡魔等非自然生物會趁著人類家庭喜添新丁時，將自己的後代變作人類嬰兒模樣去調包，甚至有的時候被調包後的所謂「孩子」只是一根被施過魔法的木頭。這種迷信的來源非常清楚：古代凱爾特人無法理解部落中為何會誕生身體殘疾者或是智力低能兒，所以寧願相信這是神鬼調換的結果。

調換兒的神話，在受凱爾特文化影響的歐洲各地廣泛傳播，不同的國度都對此進行了富有民族特色的發揮。

挪威人認為妖精為了避免近親繁殖，希望引入人類的血統，為此他們會將自己的嬰兒與人類嬰兒進行調換。作為回報，人類可以得到具有妖精怪力的孩子。有時候即將死去的老妖精會變作人類嬰兒，以便享受人間舒適的生活和人類父母的照顧。但這些老妖精都已接近壽終正寢，所以他們變成的嬰兒註定會早早夭折。

在蘇格蘭民間傳說中，妖精需要向惡魔獻祭自己的孩子時，就會偷來人類的孩子進行代替。如果一個嬰兒生下來時整張臉都被胎膜包裹，那他一定是個調換兒。

英格蘭人認為，精靈對金髮碧眼的孩子有難以克制的興趣，有時候他們甚至連金髮美女也不肯放過，會一併帶走。精靈偷走嬰兒後，會讓一個同夥扮成嬰兒的模樣留下來，以免穿幫。他們會善待偷來的孩子，並讓這孩子長大後成為精靈中的一員。只是被留下來假扮嬰兒的那一位很難長時間忍受人類生活，往往會在粗心大意之時穿幫。

法國人相信仙女非常喜歡金髮碧眼的嬰兒，所以她們時常會偷走人類的嬰兒，將孩子們帶到仙塚中做侍童。關於這一點在亞瑟傳說中曾經多次提及，例如仙女薇薇安和摩根都是經常管不住自己手的誘拐慣犯。

德意志人認為，巨魔會帶走未受基督教洗禮的孩童，一旦孩子受過洗禮成為基督徒，巨魔便無法誘拐。與此對應的是巨怪也很羨慕人間的生活，所以才會想將自己的孩子調包給人類撫養。

瑞典人也對巨魔調包孩子一事頗為上心，他們有這樣的民間故事：一位公主被森林裡的巨魔拐走，化身為公主的巨魔之女在宮廷長大，人類公主則在森林生活。兩個孩子都非常不適應，很不快活。當公主被迫要嫁給一個巨魔丈夫時，她終於鼓起勇氣逃回了人類世界，巨魔女孩也在事情被揭穿後逃回了森林。在自己本該存在的世界中，她們兩個都非常快樂並找到了真愛。最終兩個女孩在同一天的不同地點各自舉行了婚禮。

在愛爾蘭人看來，過分地讚美新生兒是很危險的舉動。因為嬰兒沒有抵禦妖精魔法的能力，這種讚美很可能招來人類世界之外的危險視線。與此同理，對身材健美或相貌俊美的成年人過分誇讚也是不得體的行為，因為那些躲藏在他方世界裡的誘拐犯可是大小通吃的！但如果已經來不及阻止嘴快的人怎麼辦呢？那就還給對方一些讚美和祝福，把誘拐犯的注意力轉移過去就好了。

在歐洲歷史上，調換兒的迷信曾帶來很多鬧劇。

蘇格蘭人懂得智取調換兒：在一則古老的民間傳說中，一位母親懷疑自己的孩子有問題，便與鄰居串通演了一齣戲。有一天鄰居衝進房子裡大喊：快看，妖精山丘起火啦！搖籃裡的嬰兒立刻跳起來哭喊：啊，著火啦？我的老婆孩子可怎麼辦啊！說完，這個調換兒一溜煙就從煙囪裡逃走了。

還有一個德國故事也講述了以計取勝：一位母親發現，自己的孩子除了吃喝之外，只會瞪著眼睛什麼都不做，便向鄰居求助該怎麼辦才好。聰明的鄰居告訴她，如果能逗得調換兒發笑就能擊敗他，於是這位母親把兩個蛋殼裝滿水後放到灶臺上去燒水。襁褓裡的調換兒忽然哈哈大笑著說：雖然我是塊木頭，也知道用雞蛋殼燒水是蠢透了的方法！這下調換兒的把戲穿幫，一群小妖精無奈地現身交出真正的孩子，扛起那根露餡的木頭走人了。

除了引調換兒發笑以外，北歐人習慣於在孩子的搖籃裡放上打開的剪刀，因為他們相信偷盜孩子的妖精害怕鐵器。如果害怕剪刀造成危險，那麼將父親的外套裡外翻轉後蓋在搖籃上也可以保護孩子。絕大多數被誘拐的調換兒傳說是針對男嬰的，甚至造成了德意志農村地區男孩穿裙子一直到十一、十二歲的風俗。

英格蘭傳說中，康沃爾郡的史前巨石群是由一群能奇跡般治癒各種疾病的小精靈看守。這些富有正義感的小精靈會幫助受難的母親，只要母親抱著調換兒穿過巨石群圍成的圓圈，就能逆轉邪惡的咒語，把自己真正的孩子帶回身邊。

但很多時候，調換兒的迷信帶來的還是災難，因為愚昧的家長往往選擇殺嬰來解決問題。

十六世紀宗教改革時期的旗手馬丁．路德曾經信誓旦旦地指認，萊比錫一個腦袋極大的畸形兒，就是惡魔派來的調換兒，他斥責這個不幸的孩子是沒有靈魂的行屍走肉，結果這孩子很快倒了大霉。

連馬丁．路德這樣的人物都會犯下這等大錯，那其他人就更不必說了。同樣是在十六世紀，波蘭弗羅茨瓦夫地區的一個農婦剛生孩子不到一星期，就被領主召去割草幹活，在田間休息時，她從孩子喝奶時的古怪舉動判斷出他是個調換兒。這位手足無措的母親向領主老爺求助，「睿智」的領主吩咐她去毒打新生兒，直到魔鬼現身把真正的孩子還回來為止……

在西歐和北歐，人們相信，如果把調換兒放進火裡，它們就會被燒得竄進煙囪裡並交還人類的孩子。這種粗暴的解決方案釀成了很多不幸的悲劇。直到近代，在瑞典還有一位母親因為在烤箱裡燒死了自己的孩子而被送上了法庭。

至於在凱爾特文化的大本營不列顛群島上，曾有無數起父母為了從癡呆的孩子身上驅走「仙女」而火燒水淹引發的慘劇。綜觀維多利亞時代的刑事案卷，裡面有數不勝數的家庭謀殺案是因為調換兒迷信而起。案例裡面創紀錄的一位母親，經過三次謀殺嘗試後才把自己的唐氏兒淹死，她在法庭上為自己辯解，她這麼做是為了趕走作惡的「壞仙女」，以奪回自己真正的孩子。最後法庭陪審員一致為這位兇手開脫，因為大家相信應該絞死的是調包的仙女……

調換兒的迷信在愛爾蘭某些地區一直持續到近現代，甚至到了一八九五年還發生了一樁丈夫懷疑妻子是調換兒而將其殺害的慘劇。

一九一一年，英國民俗作家艾德文．西德尼．哈特蘭曾在書中感嘆，凱爾特信仰流傳的調換兒迷信造成了多少人間悲劇！不過他也認為，正是由於調換兒的迷信，使得古代歐洲殘暴不仁的地主貴族不得不略微放鬆對農民的壓榨，允許生產後的婦女有六週左右的休息時間，以保護自己的嬰兒不被偷走。

也許，這是調換兒迷信所留下的唯一正面的遺產吧……

6 我是貓妖精

在蘇格蘭的凱爾特村莊中流傳著一個關於貓王的傳說，內容大致上是說一個農夫在月圓之夜回家途中，見到村口橋頭上有一群貓正在集會。在好奇心驅使之下，這位農夫上前一窺究竟，卻赫然發現這群貓各個口吐人言，正在舉行悼念貓國國王陛下的葬禮。

農夫等這群貓散去之後才回到家裡，還沒等他把這驚人的事情告訴妻子，妻子便搶先對他說，當天家裡那隻總是趴在暖爐上的懶貓出了狀況——這傢伙睡著睡著忽然站起來大叫一聲：「什麼？我是下一任的國王！」然後就飛出煙囪，再也沒有回來。

這個故事在蘇格蘭和愛爾蘭都有流傳，細節稍有不同，但故事大同小異。英格蘭的故事裡情節更為豐富。

故事發生在英格蘭的某個鄉村：一位英國鄉民走在月圓之夜的鄉間小路上，機緣湊巧遇到九隻胸前有白毛的大黑貓，正抬著一個帶有王冠標誌的棺材走向墓地。其中一隻貓看到這位震驚無比的鄉民後跟他打了個招呼，用純正的英語告訴他：「請你回去告訴湯姆，它的朋友提姆去世了！」

鄉民於是趕忙跑回家把這件事告訴他的妻子和愛貓老湯姆，沒想到一向聞風不動的老湯姆立刻跳起來說：「哎呀媽呀，老提姆死了？你們知道不，那麼我就是下一任貓王啦！」說完，老湯姆爬上煙囪，從此再也不見了。

這些酷愛爬煙囪的老湯姆、老提姆之流，就是凱爾特傳說中特有的貓妖精。在凱爾特人口中，這些妖貓大多是胸前有一大片白毛的黑貓。它們擅長人類語言，以人類的姿勢直立行走，雙足穿著長靴，衣著華麗，頭頂皇冠，以亞洲氣質舞王般的瀟灑姿態穿梭於城市之間。

在蘇格蘭高地上的貓妖精傳說中，這些貓通曉人類各國的語言，擁有極高的知識水準。並且傳說中除了貓妖精外還有狗妖精，只可惜狗妖精的故事不像貓妖精那樣流傳廣泛。

在歐洲民間故事中，最有名的一位貓妖精應該是法國童話《穿靴子的貓》中的主人公，但是追根溯源，這些喵星人的故事，最早還是從蘇格蘭高地中的凱爾特部落口耳相傳而來，它們的原型是在不列顛群島流傳數千年的凱拉斯巨貓傳說。

在蘇格蘭和英格蘭地區有一個流傳至今的巨貓傳說。在傳說中，這是一種黑毛油光錚亮、與獅子一般大小的巨型貓科動物，這就是後來以「英國大貓」的綽號在神祕動物界名頭響噹噹的「凱拉斯貓」。

這種巨貓會獲得這個名字，據說是因為人們首次目擊的事件發生在凱拉斯這個小村莊。英國民俗學家認為，正是凱拉斯貓引發了持續數千年的貓妖精神話。這種狡猾的大貓，行蹤不定地在不列顛群島上活動，讓神祕的火焰經久不息地在人們心頭跳動。直到有一天，一位獵場看守一槍撂倒了一隻凱拉斯貓後，才得以真相大白——這是一種野貓和家貓雜交後繁衍出來的大型貓，雖然身長接近一公尺，但比起獅子來還是差得遠了。這樣一來，搞得歷史上那些興致勃勃地描述著這種神祕動物的作家們有些灰頭土臉，關於大貓巢穴附近會排列著被它殺死的屍體，包括從猞猁到牧羊犬，甚至是獵手的屍體，這類的英國傳說更成為笑柄。

無論凱拉斯貓的真相究竟怎樣，都沒能阻止貓妖精傳說的大肆流行。雖然開篇提到的老湯姆故事比較好笑，但蘇格蘭人對貓妖精還是秉持敬而遠之的態度。

遠古時代凱爾特部落中就流傳著貓妖精會偷靈魂的傳說。直到中世紀，蘇格蘭村莊中仍然有不許貓靠近未下葬棺材的傳統。蘇格蘭人相信死者的靈魂如果被貓妖精偷走，那麼他註定無法在上帝面前得到救贖。於是在葬禮上，人們會用舞蹈、音樂、猜謎語和摔跤遊戲來轉移那些貓咪的注意力，此外還有必殺技——在其他房間放上貓薄荷來誘惑那些意志不堅定的貓妖精。

在這一點上，需要把貓妖精和屍羅做嚴格的區分。

凱爾特神話中的屍羅，是一群不安分的罪惡靈魂集合體，天堂和地獄都不是它們的歸宿，凱爾特諸神排斥它們，整個地球上都沒有屍羅的容身之處。

屍羅總是成群結隊地在天空中由西向東飛行，尋找瀕死之人，一旦發現目標，它們就會一擁而上，將其靈魂拉入自己的行列。為了防止屍羅搶走死者的靈魂，凱爾特人在舉行葬禮時會關閉所有西向的窗戶，直到死者入土為安為止。

有時候，力量較為強大的屍羅會直接掠奪健康人或動物的靈魂，凱爾特人的對應之道是在天空中亂鳥飛舞時儘量待在室內，少去人跡罕至之地。因為人類靈魂一旦被屍羅拉入夥後就會變成屍羅的一員，永無獲得救贖的機會了。

貓妖精非常敏感，特別記仇，睚眥必報。蘇格蘭人堅信，農夫擠奶時如果有貓前來乞食，那絕對不能拒絕。因為大家都知道，貓妖精會保佑那些給它喝過牛奶的農莊，讓其產銷兩旺。而如果一個農夫的奶牛莫名其妙地不再產奶，那十有八九是因為沒有討到牛奶喝的貓妖精在作祟報復。

當然，也有一些民間故事認為，貓妖精並不是真的動物妖精，而是巫師或德魯伊教士的化身。在維京海盜入侵高盧的時代，高盧人曾經浴血奮戰，保衛家園。在此期間湧現了許多謳歌勇士抵禦侵略者的故事，其中有一個貓妖精安娜的傳說很是感人。

安娜的丈夫伊云是一個受到丹麥人侵略的凱爾特部落的首領。伊云率領自己的兒孫與入侵者展開了血戰，但因為寡不敵眾，被敵軍重重包圍，眼看就要命喪黃泉。安娜是一個女德魯伊，她在危急中將自己變作巨貓，以能說人言的貓妖精形象騷擾丹麥軍隊。丹麥人被這隻會說話的大貓嚇得夠嗆，經過幾次折騰之後他們逃走了，伊云得救了。

但安娜為了救自己的丈夫，違反了一個德魯伊最多只能變八次貓的規矩，在第九次變成巨貓以後，她只能以貓的形象存在了。伊云感激妻子的巨大犧牲，從此與這隻貓不離不棄地生活在一起。

凱爾特諸神為這種真摯的愛情所感動，他們施展法力，讓安娜可以在滿月之夜恢復人形與丈夫團聚。每年八月一日，她也能夠以人的形象在陽光下度過一整天。

善待貓，這就是故事中伊云家族留給後代的座右銘。

7 地獄黑犬奎矢奇

狗在凱爾特神話中擁有極為特殊的地位，牠被視為康復、拯救和庇護的象徵。一般來說，凱爾特人對狗總是充滿喜愛與欣賞之情的。例如，當威爾斯人提起傳說中的汪星人時，總喜歡講講民間故事中的忠犬格勒特的故事。這條獵犬生前生活在威爾斯王宮中，牠的主人是威爾斯末代國王盧埃林。

盧埃林很信任愛犬格勒特，在外出遊玩打獵時總是讓這條忠誠的狗守家。有一天他從外面遊獵回家，發現臥室一片狼藉。小王子睡的嬰兒床被打翻，環顧室內不見孩子的蹤影，只有滿嘴鮮血的格勒特搖著尾巴。

盧埃林心中升起了一個可怕的念頭：自己的狗因為饑餓吃掉了小主人！他的理智因為心疼孩子而消失得無影無蹤，盛怒之下，他拔劍殺死了格勒特。中劍倒地的獵犬發出痛苦委屈的慘叫，這叫聲喚醒了沉睡的嬰兒，讓他也跟著啼哭起來——孩子安然無恙，只是被壓在翻倒的嬰兒床底下！

這時盧埃林在屋裡發現了一頭狼的屍首，顯然是餓狼闖進臥室，被奮勇保護嬰孩的格勒特咬死了！整整一天，錯殺忠犬的國王都沒有說話。最後，他將格勒特厚葬在王宮附近，據說此後人們不時會聽到格勒特垂死時發出的委屈叫聲。

格勒特的悲劇在十八和十九世紀曾反覆出現在威爾斯詩人的作品中，牠的墳墓和紀念碑至今還聳立在威爾斯的土地上。

地獄黑犬奎矢奇

在威爾斯的傳說中，格勒特並不是唯一出名的狗。只是另一條狗卻不是以忠誠友善而名傳後世的，它就是「黑暗之犬」奎矢奇。

古代不列顛人認為黑狗代表了邪惡的力量，所以奎矢奇被稱為「地獄黑獵犬」也就不奇怪了。在威爾斯的傳說中，這條惡犬有著幽靈一般的外表，它的個頭遠比一般的狗要大，身上有很多隻閃閃發亮的眼睛。它時常與雷電風暴一同出現，喜歡埋伏在偏僻小道的路口伏擊過往行人。

據那些曾經接觸過奎矢奇的倖存者講述：在夜晚的街道上，你會聽見駭人的沉重呼吸聲，看見黑暗中亮起血紅的眼睛，接著一隻巨大的獒犬的身影便從黑夜中跳了出來……

整個威爾斯地區都有關於奎矢奇的恐怖傳說，而蘇格蘭人提起這條狗的名字時也不寒而慄。在蘇格蘭傳說中，奎矢奇的毛是墨綠色的。它被視為死神的使者，會出現在將死之人面前，直接帶走他的靈魂。很多民俗學者認為，蘇格蘭人之所以認為奎矢奇毛色偏綠，是因為凱爾特神話中的精靈經常穿著綠外套。

奎矢奇的傳聞在英格蘭蔓延開後，曾經催生出一部經典名著：在德文郡的達特莫爾地區有邪惡鄉紳理查·卡貝爾的傳說，據說他曾在打獵時到訪地獄，將自己的靈魂賣給了惡魔。他死後不久，其墳墓周圍就出現了徘徊著的魔犬奎矢奇，周圍的鄉親們被嚇得不輕，都說鄉紳大人變成了惡魔的黑犬坐騎。正是這個古老的傳說激發了柯南·道爾的靈感，令他提筆寫出了著名的福爾摩斯探案小說《巴斯克維爾的獵犬》。

而在倫敦城裡的新門監獄中，曾有個流傳了四百餘年的恐怖傳說：一五九六年，一位學者受人指控研習巫術，而被投入新門監獄等待審判。按慣例，這類罪犯通常會被絞死，但這位學者運氣太差，恰好遇見了一群被典獄長克扣伙食，即將餓死的囚徒。於是，這個可憐人在上絞架前就被獄友們殺死並分而食之。死者的巫術很快顯出了效果，一隻憤怒的黑色地獄犬奎矢奇出現在新門監獄，將殺害學者的兇手逐一活活拖入地獄。被嚇瘋了的囚犯們殺死看守強行越獄，但奎矢奇仍然毫不留情地追逐糾纏著他們……

奎矢奇的名聲在英格蘭的約克郡也不大好，那裡的居民認為，這是一條無頭的地獄犬，所有見到它的人都將在一年內死去。

不過並不是英格蘭的所有地方都將奎矢奇視為洪水猛獸。在薩默塞特郡，這條黑色巨犬就被視為落單兒童的守護神，它會陪伴迷路的旅人走向正途。畫風突變的例子還包括溫徹斯特地區，在這裡，奎矢奇被暱稱為「大腳板」，它以善良仁慈的作風，深得鄉親們的歡心。

奎矢奇不只出現在不列顛群島。在法國的諾曼第地區，民間傳說奎矢奇常常遊蕩在絞刑場上，它會將那些有罪者的靈魂拖回地獄。中世紀時法國吟遊詩人曾經如此描述這條幽靈犬：「它沉默無言，它可怕之極，它的故事被將死之人四處傳揚，所有見到它的人都再無生還的機會……」

有趣的是，中世紀時穿梭於不列顛群島和歐洲大陸的走私犯們，因為奎矢奇的傳說而產生了一種獨特的迷信行為：飼養黑狗。他們相信，只要在登陸卸貨時把黑狗丟棄在海灘上，就一定能安全完成交易。但在海峽上作業的漁民可不樂意見到走私犯們這麼做，因為在他們眼中，黑狗出現就代表著海上的風暴將臨……

在西班牙、比利時、德國和捷克的田野上，也有奎矢奇疾馳而過的身影。在這些國度裡，這條黑色的巨犬被直接視為魔鬼的化身。隨著大航海時代來臨，歐洲殖民者將奎矢奇的傳說帶至新大陸，在今天的墨西哥和美國鄉村中，依然有黑色地獄犬第一次帶來喜悅，第二次帶來悲傷，第三次帶來死亡的傳說。

8 無頭騎士杜拉罕

在愛爾蘭的神話故事裡，杜拉罕是個畫風獨特的魔怪。這位全身重甲的騎士騎著黑驃馬，揮舞著人脊柱製成的長鞭，身後的黑披風在風中獵獵抖動。

根據神話的描述，杜拉罕的脖子上空無一物，本來應該在上面的頭顱不是被他舉在手中，就是懸掛在黑驃馬的馬鞍上。雖然他沒有了腦袋，卻依然擁有超自然之力賦予的敏銳視力——只要將自己的頭顱高高舉起，杜拉罕就能看清楚方圓數英里內的一草一木。

杜拉罕的頭上長著巨大的眼球，這眼球能夠突然移動到任意角度去觀察四周。他嘴中長滿醜陋的齙牙，咧嘴大笑時嘴巴可以一直張到耳根處。無頭騎士杜拉罕不是不能說話，但每次出擊時只能說一句話。

在某些版本的傳說裡，他的頭顱每次從地獄出擊時都會先大吼一聲要殺之人的姓名——杜拉罕與死亡密切相關，但他與報喪女妖班西的風格截然不同，見面時從不預告人的死期，而是直接上去取人性命。當他在奔馳中突然停頓，那就是他要殺人了。被他盯上的人無從逃遁，因為沒有任何路障可以阻擋無頭騎士的前進，所有的城門、高牆在他經過時都會自行開啟。

無頭騎士杜拉罕

在另一些版本的無頭騎士傳說中，杜拉罕會趕著六匹黑驃馬拉的馬車從地獄衝出。他的馬車上懸掛著骷髏頭製成的馬燈，裡面點著人油蠟燭用來照亮道路。車輪用人腿骨製成，馬車的車篷則是墓地裡被蟲蛀爛的裹屍布，有時候車上還擠著一群報喪女妖作為隨從。

趕著馬車的無頭騎士不會在出擊時喊人名字，而是在追上要殺戮的目標時高舉頭顱大喊對方的名字，一旦他發出了這可怕的聲音，對方就會立刻死亡。

無頭騎士是非常古老的凱爾特傳說故事，在騎士文化盛行的時代就已經傳遍了整個歐洲。在亞瑟傳說中，被仙女摩根派遣到卡美洛城向圓桌騎士發起挑戰的綠騎士，其靈感就來自凱爾特神話中的無頭騎士。

愛爾蘭人傳說，杜拉罕曾是一位凱爾特勇士，在戰鬥中落敗遭人斬首。這位不甘失敗的無頭騎士，每逢月黑風高的夜晚，便會騎著一匹同為亡靈的馬出沒於沉睡谷，四處尋找自己遺失的首級。每當他發現與自己生前長相相似者，便會斬其頭顱帶回冥界。

蘇格蘭人則認為，無頭騎士是在攻打馬恩島時戰敗被斬首的蘇格蘭酋長尤恩。這位蘇格蘭漢子就算死也不肯服輸，所以騎著冥界的戰馬不斷重返人間尋求報復。

現代民俗學者則認為，無頭騎士是凱爾特神話裡豐產之神克羅姆的化身。在凱爾特人的時代，德魯伊教認為克羅姆為人類提供的豐收，需要以活人獻祭才能換得。而這種令人不寒而慄的人祭記憶流傳到後世，便誕生了無頭騎士這樣的神話形象。

雖然無頭騎士每次出擊都是冤有頭債有主，打擊目標明確，但愛爾蘭人還是暗自祈禱永遠不要撞見在路上奔馳的杜拉罕。因為這個可怕的傢伙會在經過你身邊時潑你一桶鮮血，或是用人骨鞭子抽掉你的一隻眼珠，作為你看到他的「獎勵」。

所幸杜拉罕並不是天天都出來工作，他只在特定的愛爾蘭節日夜晚出沒殺人，尤其是八月到九月之間，更是他頻繁出沒的時段。所以每逢這些日子，必須要走夜路的愛爾蘭人，會在手腕上繫一個小小的金飾品，據說無頭騎士害怕黃金的光芒，哪怕是一根小小的金針也能讓人有效避開死亡騎士的追殺。

如果窮得買不起黃金，又撞上死亡騎士了該怎麼辦？要知道任何障礙都無法阻擋杜拉罕的進攻呀！不過愛爾蘭人總會在故事裡給自己留一條破解之道：在一則關於無頭騎士的傳說中，一位被他緊緊盯住的愛爾蘭小夥子情急之下，甩出手裡的南瓜燈套在無頭騎士的脖子上，沒想到歪打正著，竟然讓無頭騎士轉身返回地獄裡去了……

9 紅色吸血鬼黛拉杜阿

在愛爾蘭，關於吸血鬼的神話故事不少，除了那位滑稽的「巨人」阿巴特，還有一位被稱為「紅色吸血鬼」的姑娘讓人印象深刻，她的名字叫黛拉杜阿。

傳說在兩千年前的凱爾特時代，愛爾蘭島東南部的某個鄉村中有一位美麗的姑娘黛拉杜阿。這女孩皮膚白皙，雙眸如水，紅唇如血，長髮如金，她出生在一個富裕家庭，從小衣食無憂，生活非常幸福。

長成少女的黛拉杜阿善良謙和，她願意把自己的祝福送給哪怕一個過路的陌生人。愛爾蘭人都仰慕姑娘的品德，愛慕姑娘的美麗。凱爾特的吟遊詩人將黛拉杜阿譽為白天的太陽，夜晚的星辰，男人沉醉於她的一顰一笑，女人也想偷得她的一絲金髮。有人寧願橫穿整個島嶼來到她身邊，這不辭辛苦的跋涉只為能看她一眼。就連敵對部落的戰士也願意冒著生命危險來到姑娘的住處，以便悄悄放下表達愛慕的花束。

但是黛拉杜阿最後愛上的只是本村一個貧窮農家的子弟。得知這消息後，她的父親簡直要被怒火燒成灰燼！他教訓自己的女兒：你不能嫁給一個窮鬼，你將失去金錢，沒有錢怎麼會有地位和幸福，怎麼會有穩定的家庭生活？

但倔強的少女忤逆了父親的意志，她堅稱自己的愛情已經給了這個英俊善良的少年，就算找來愛爾蘭全島所有的長角牛也無法將她的心拉回。

故事講到這裡，愛爾蘭的吟遊詩人常常會歎息，這個少年竟如此幸運得到黛拉杜阿的愛情！遺憾的是，少年的名字已經隨著時光消逝……

這對有情人終未成眷屬，黛拉杜阿被父親強行送到年老酋長的府邸，換取了一大筆聘金。當父親心花怒放地數著金幣時，他的女兒卻在洞房花燭夜受盡虐待——那個白髮蒼蒼的新郎是個可怕的虐待狂，最能讓他放鬆和愉悅的場景，就是在黛拉杜阿白皙無瑕的軀體上放血。他心花怒放地吸食新娘的血液，讚美斑斑血跡是在人體上綻放的玫瑰花。

老酋長認為妻子只屬於自己所有，他不許別人看黛拉杜阿，哪怕是一眼。於是可憐的新娘被鎖進樓塔，每天都在丈夫的變態嗜好下瑟瑟發抖，她再也無法感受陽光的溫暖，漫步田野採摘鮮花和在河邊垂釣更成為無法企及的夢想。但這姑娘拚命忍耐，絕望地等待，因為她相信心上人一定知道自己在受難，一定會將自己拯救出去。

但經過幾個月的痛苦等待後，黛拉杜阿終於明白那個懦弱的愛人已經放棄了她。少年郎的喃喃情話，溫柔月光下的海誓山盟，他守護她的誓言，都是築在沙灘上的城堡，都成了過眼雲煙。既然她的苦苦忍耐變得毫無意義，那麼她也不再繼續留戀塵世。

紅色吸血鬼黛拉杜阿

因為丈夫嚴加戒備，黛拉杜阿甚至找不到一把小刀或一根繩索來結束自己的生命。但這個受盡苦難的姑娘堅定地赴死，在愛爾蘭人的傳說中，她的死亡過程令鐵石心腸的人都忍不住戰慄：

黛拉杜阿悄悄地將每日的食物殘渣藏起來，等它們徹底腐敗變質後，再悄悄吞下去，好讓自己緩慢地中毒。據說她的中毒過程持續了數月之久——這是何等痛苦的自我凌遲！

終於，這姑娘在受盡痛苦折磨後離開了人世。在臨死前她詛咒了愛爾蘭的每一位神靈，也詛咒了自己。因為她知道自殺者的靈魂永不安息，她要的就是通過死亡獲得復仇的自由！

依照愛爾蘭人的傳統，橫死者的墳墓上要放置石塊以防死者復活。但大家都知道黛拉杜阿的丈夫是個惡棍，也都知道這姑娘曾受盡折磨。大家為自己沒勇氣拯救這姑娘而自責，沒有一個人有勇氣提出在她的墳墓上壓石頭。

就在下葬當夜，黛拉杜阿掙扎著爬出了墓穴！

她首先回到自己的家，她的父親和兄弟姐妹依靠販賣她得到的金錢，過上了更富裕的生活，大家安臥在嶄新的房子中，躺在柔軟的天鵝絨被子裡。

黛拉杜阿走進父親的房間，看著這個給了自己生命、又將自己推入地獄的人。獠牙從唇邊緩緩伸出，她俯下身子，一口咬住了父親的頸動脈，緩緩將所有生命氣息都從這個罪人的身軀中抽離。

殺死父親後，黛拉杜阿又來到酋長的宅邸。這位尊貴的體面人已經迎娶了另一位新娘，就在老新郎興致勃勃地上演老把戲時，狂怒的黛拉杜阿衝進洞房瘋狂地攻擊他。愛爾蘭人認為正是在殺死自己丈夫的過程，黛拉杜阿體驗到了屠殺的快感。她以彼之道還施彼身，吸乾了丈夫的血液，而鮮血令她感覺自己仿佛還活著。

於是，就在這一刻，黛拉杜阿徹底變成了一個凱爾特吸血鬼。

日復一日，年復一年，黛拉杜阿在荒野中遊蕩。每當午夜時分，一陣幽幽的歌聲會將孩童和年輕人喚醒。他們受到這歌聲的誘惑，就會不知不覺地跟隨黛拉杜阿走入黑夜。

黛拉杜阿對愛爾蘭展開無休止的懲罰：她引誘孩童偷他們的血，愛爾蘭人發現孩子莫名其妙地虛弱生病，都會想到這是不是紅色吸血鬼在作祟；而那些鬼迷心竅，貪慕黛拉杜阿美色的年輕人，更是會無法自控地走向她的墳墓，最終在荒野中失蹤，死得不明不白。

這就是紅色吸血鬼黛拉杜阿的故事，她的容貌美豔動人，她的故事令人感傷。雖然她不像歐洲其他的吸血鬼，如醜陋的蝙蝠般潛伏在深夜裡，蒼白的臉上只有血淋淋的空洞眼窩，但她最終還是成為令人恐懼的魔怪，將自己的悲傷化作幽冥歌聲，在無盡的夜晚虛空中迴盪……

重要神祇英雄人物關係表

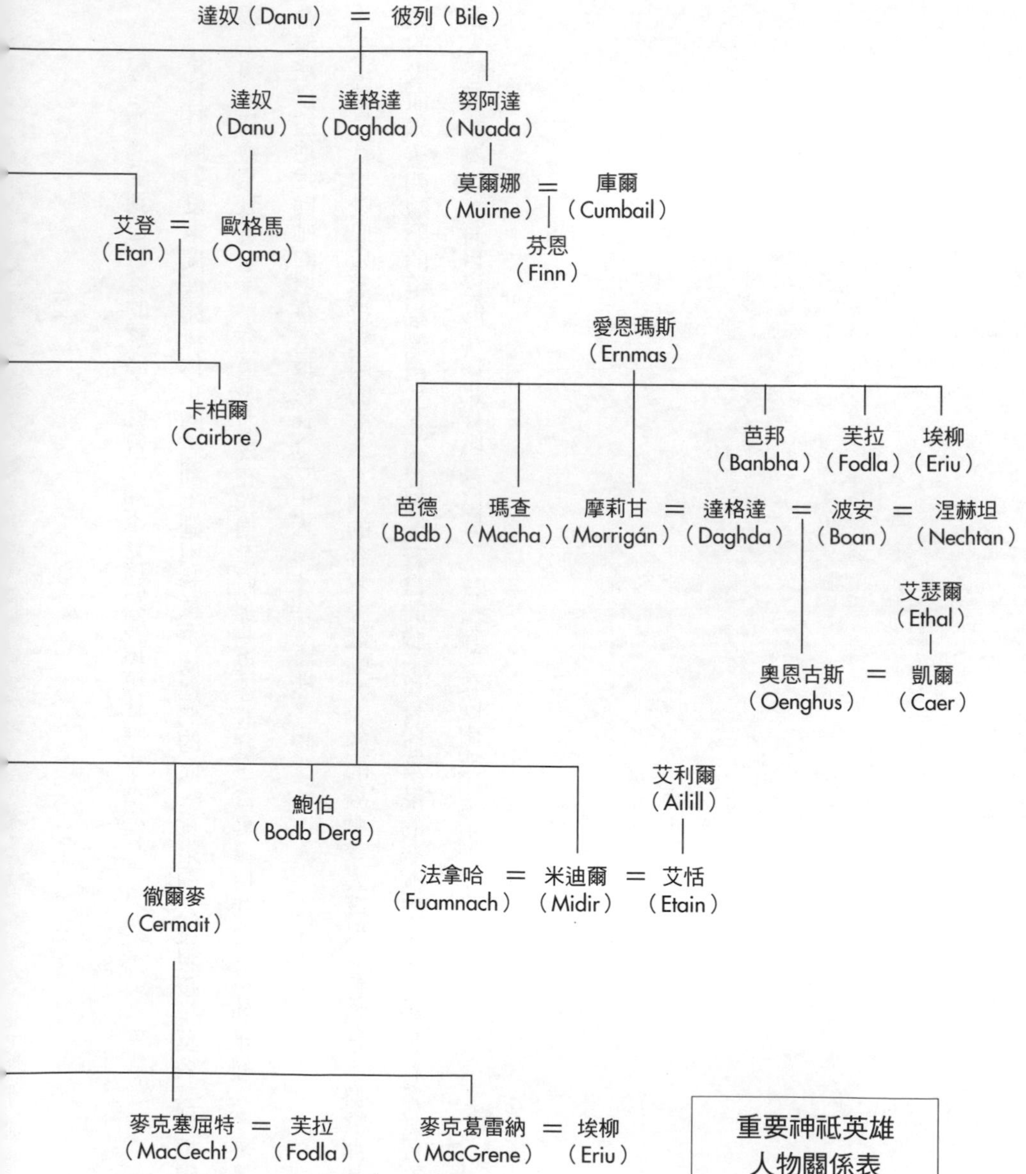

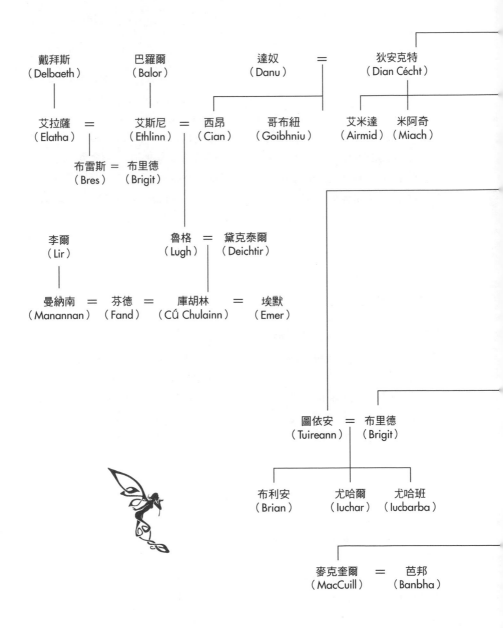

戴拜斯（Delbaeth）
巴羅爾（Balor）
達奴（Danu）＝ 狄安克特（Dian Cécht）

艾拉薩（Elatha）＝ 艾斯尼（Ethlinn）＝ 西昂（Cian）
哥布紐（Goibhniu）
艾米達（Airmid）
米阿奇（Miach）

布雷斯（Bres）＝ 布里德（Brigit）

李爾（Lir）
魯格（Lugh）＝ 黛克泰爾（Deichtir）

曼納南（Manannan）＝ 芬德（Fand）＝ 庫胡林（Cú Chulainn）＝ 埃默（Emer）

圖依安（Tuireann）＝ 布里德（Brigit）

布利安（Brian）
尤哈爾（Iuchar）
尤哈班（Iucbarba）

麥克奎爾（MacCuill）＝ 芭邦（Banbha）

C

D

E

重要名詞索引

A

B

N

O

P

R

S

凱爾特神話
精靈、大法師、超自然的魔法之鄉

作者	龔琛
美術設計	白日設計
版型設計	陳姿秀
製表	陳姿秀
編輯協力	吳佩芬
內頁構成	高巧怡
行銷企劃	蕭浩仰、江紫涓
行銷統籌	駱漢琦
業務發行	邱紹溢
營運顧問	郭其彬
責任編輯	張貝雯
總編輯	李亞南
出版	漫遊者文化事業股份有限公司
地址	台北市松山區復興北路331號4樓
電話	(02) 2715-2022
傳真	(02) 2715-2021
服務信箱	service@azothbooks.com
網路書店	www.azothbooks.com
臉書	www.facebook.com/azothbooks.read
營運統籌	大雁文化事業股份有限公司
地址	台北市松山區復興北路333號11樓之4
劃撥帳號	50022001
戶名	漫遊者文化事業股份有限公司
初版一刷	2021年1月
初版五刷(1)	2023年4月
定價	台幣330元

ISBN　978-986-489-419-2

國家圖書館出版品預行編目 (CIP) 資料

凱爾特神話 : 精靈、大法師、超自然的魔法之鄉/ 龔琛著. -- 初版. -- 臺北市 : 漫遊者文化事業股份有限公司出版 : 大雁文化事業股份有限公司發行, 2021.01

面；　公分

ISBN 978-986-489-419-2(平裝)

1. 神話 2. 英國 3. 愛爾蘭

284　　109021691